本书获衡水学院著作出版基金资助
本书为河北省高校转型发展试点学校成果

新时代地方高校转型发展研究

——衡水学院的探索与实践

王光远 韩伏彬 等 编著

燕山大学出版社
·秦皇岛·

图书在版编目（CIP）数据

新时代地方高校转型发展研究 ：衡水学院的探索与实践 / 王光远等编著. -- 秦皇岛 ：燕山大学出版社，2023.10

ISBN 978-7-5761-0575-9

Ⅰ. ①新… Ⅱ. ①王… Ⅲ. ①地方高校－学校管理－研究－衡水 Ⅳ. ①G647

中国国家版本馆CIP数据核字(2023)第211037号

新时代地方高校转型发展研究
——衡水学院的探索与实践

XINSHIDAI DIFANG GAOXIAO ZHUANXING FAZHAN YANJIU

王光远 韩伏彬 等 编著

出 版 人：陈 玉
责任编辑：孙亚楠　策划编辑：唐 雷
责任印制：吴 波　封面设计：吴 波
出版发行：燕山大学出版社　电 话：0335-8387555
地 址：河北省秦皇岛市河北大街西段 438 号　邮政编码：066004
印 刷：涿州市般润文化传播有限公司　经 销：全国新华书店

开 本：710 mm×1000 mm 1/16　印 张：12.25
版 次：2023 年 10 月第 1 版　印 次：2023 年 10 月第 1 次印刷
书 号：ISBN 978-7-5761-0575-9　字 数：190 千字
定 价：49.00 元

序

2015 年 10 月，《教育部 国家发展改革委 财政部关于引导部分地方普通本科高校向应用型转变的指导意见》中明确提出，确定一批有条件、有意愿的试点高校率先探索应用型（含应用技术大学、学院）发展模式。由此，一场旨在推动高等教育结构调整、破解毕业生就业难题、适应产业结构转型升级需要的教育改革在广大地方本科高校中正式拉开帷幕。具体而言，转型发展主要涉及院校设置、招生计划、拨款制度、学校治理结构、学科专业设置、人才培养模式、师资队伍建设、招生考试制度等重点难点领域的改革。

作为一所地方本科高校，衡水学院在上级主管部门的大力支持和校领导班子的正确带领下，整体谋划，勇毅前行，闯出了一条独特的办学路子。近 20 年来，学校一步一个脚印，取得了一个又一个标志性成果：2008 年增列为河北省学士学位授予单位，2014 年顺利通过教育部本科教学工作合格评估，2016 年获批河北省硕士学位授予立项建设单位，2020 年被确定为河北省转型发展试点高校。学校在转型发展过程中，确立了“立足地方办大学，服务社会谋发展”的办学思路，坚持内涵式发展道路，构建与地方政府的密切关系，依托地方优质基础教育资源，持续多年开展了混合编队、顶岗实习工作，提升了学校专业人才培养的口碑和质量；立足高端装备制造、新材料、食品及生物制品等市域主导产业，取得了一系列的重大应用研究成果，产生了显著的经济效益；挖掘文化名人资源，创建了董仲舒思想国际研究院，成为董学研究的国际重镇和高地；瞄准“一带一路”倡议，与乌克兰柴可夫斯基音乐学院开展合作办学，成立了中外合作办学机构——衡水学院柴可夫斯基国际音乐艺术学院……非常有必要对这些富有成效的探索和做法进行系统梳理，从理论高度进行总结和提炼，与广大地方本科院校分享和交流。

由于时间有限、水平有限，本书还存在一些不足，对地方高校的转型发展规律认识得还不够深入，书中部分内容的论述还不够深刻、具体。在以后的研究中，我们将继续进行更为深入的挖掘、总结。

编者

2023 年 9 月

目　　录

第一篇　地方高校转型发展概述

第二篇　衡水学院转型发展的探索

第三篇　衡水学院转型发展的成效、经验与特色

第四篇　国内外高校转型发展经验

第一篇

地方高校转型发展概述

第一章　地方高校转型发展的背景

进入新时代，中国教育事业站在新的历史起点上，面临着新的机遇和挑战。教育国际化特征日益凸显，国际上先进的教育理念和成功经验涌入我国，人力资源和教学资源的跨国流动加速；国内经济发展方式转变，经济结构深度调整，科学技术迅猛发展，现代信息技术与教育教学深度融合，这些都对高等教育的发展和变革提出了新的挑战。那么，作为高等教育重要组成部分的地方高校该何去何从？国家从 2013 年前后开始推进的地方高校转型发展工作，恰逢其时。地方高校的转型发展是适应经济社会发展需求、破解高等教育结构性难题和实现地方高校内涵式发展的深层次变革，已经成为当前我国高等教育改革发展需要面对的重要现实问题。

第一节　地方高校转型发展的动因

一、外部动因

（一）国际经济形势复杂多变

2008 年金融危机的暴发使世界经济和产业格局重新“洗牌”，以低碳经济和绿色增长为主体的实体经济重回经济发展重心。我国为“制造大国”，改革开放之初，我国的土地成本、人力成本有竞争优势。如今随着经济的转型升级，我国正逐渐失去这些成本优势，低端制造业正逐步向东南亚国家转移。

目前，在高端制造业的竞争格局中，我国的人才优势尚不突出，因此，加强对高层次技术技能型人才的培养，是我国在这场竞争中获胜的关键。未来我国的经济发展方式必须进行重大调整，这势必会影响我国的产业结构和与之息息相关的高等教育专业结构①。

随着我国经济的转型升级，高层次技术技能型人才的数量和结构与市场需求已经极不匹配，“高级技工荒”呈现多地域暴发的特征；与此同时，我国高等教育的同质化发展又使得毕业生“就业难”越发普遍。因此，国内的高校，尤其是地方高校必须提早谋划，以应对国际经济形势波动所造成的国内产业结构调整对高校的影响。相关高校和教育行政部门必须及早预判，调研相关地域相关行业的发展趋势，灵活应对就业市场结构的快速变化，指导高校及时调整学科结构和专业结构。

（二）国内社会经济转型升级压力加大

我国转变经济发展方式的必由之路只有一条，那就是从传统的劳动密集型和资源密集型产业向高加工度、高科技含量、高附加值的高端产业转型。“三高”的核心在于创新，创新必须依靠人才。党的二十大报告指出，“教育、科技、人才是全面建设社会主义现代化国家的基础性、战略性支撑”，明确强调，“必须坚持科技是第一生产力、人才是第一资源、创新是第一动力”。人才是创新之核、发展之要、强国之基。高校是培养创新型人才的主要阵地，从这个意义上讲，地方高校转型发展不仅是我国经济发展方式转型的现实需求，也是地方高校谋求自身发展的必由之路。地方高校谋求自身发展，必须跳出传统办学的思路和模式，走出一条适应地方经济发展的新路子。当前，一些高校因循守旧，沿袭传统办学思路，脱离社会需求布局学科、设置专业，忽视培养学生的实践能力，使得大学生“毕业即失业”，导致结构性的就业困难。因此，地方高校必须打破传统的办学模式，立足地方办大学、立足产业办专业，培养适应区域社会发展的应用型人才，实现与地方经济社会发展的良性互动。

经济转型升级必然要求高校相应地调整学科专业结构。以“三高”为特

① 陈萦 . 金融危机下的高校专业结构调整与学科发展 [J]. 教育研究，2009（6）：40-43.

征的高端产业必然需要大量的高层次技术技能型人才，如文化创意类产业必然需要兼具创意和动手能力的复合技能型人才，现代企业的迅猛发展必然需要复合型、创新型、管理型人才等。所有支撑这些产业发展的人才都需要依靠高等教育来培养，经济发展方式的转变和经济结构的转型升级也催生了很多新型职业，这进一步加大了市场对专业人才的需求。目前，我国已经迈入高等教育普及化发展的历史阶段，破除因循守旧的传统路径，向服务民生、服务社会的方向发展，满足人民对高等教育的多样化需求，高等教育结构调整势在必行。

（三）大学生“就业难”问题日益突出

高校扩招以来，大学生的“就业难”问题一直是困扰高等教育发展的棘手问题，也是社会舆论关注的焦点问题之一。近些年的“就业难”问题一方面表现为总量过剩的绝对困难，也就是随着高校毕业生数量持续增加，我国经济增长的速度逐年放缓，部分地区的劳动力市场呈现出“供大于求”的就业窘境，特别是哲学、历史学、文学等基础学科毕业生“就业难”的问题更加突出。另一方面，“就业难”还表现为结构性的相对困难，即“有的人没事干，有的事没人干”。有统计数据显示：国内 35% 的企业面临高技术技能型人才短缺现状[①]，甚至出现“用工荒”，拥有一技之长的“灰领”成为市场上的“抢手货”。这种高技术技能型人才“抢手”、高学历人才“过剩”、文凭贬值的尴尬局面，是我国地方高校人才培养模式没有适应地方经济发展的必然结果，地方高校办学定位不准、现代职业教育体系不完整，则是造成目前“结构性就业困难”的重要原因。

在 2014 年 4 月召开的“产教融合发展战略国际论坛”上，教育部副部长鲁昕曾表示，地方本科高校转型发展既是经济发展方式转变、产业结构转型升级的迫切要求，是解决新增劳动力就业结构性矛盾的紧迫要求，也是贯彻落实国务院关于加快发展现代职业教育部署，加快教育综合改革、建设现代教育体系的重大举措。

---

① 刘教民．推进地方高校转型发展，大力培养高技术技能人才 [J]. 华夏教师，2013（9）：5-8.

二、内部动因

（一）高等教育结构调整

在人类社会发展的历史中，基础科学研究和应用科学研究承担着不同的发展任务：前者旨在探索新领域、发现新规律，推动人类文明产生质的飞跃；而后者重在将前者的研究成果应用于实际生产和生活，解决实际问题，推动社会发展。因此，高等教育中的学术研究型高校主要承担着基础科学研究的使命和任务，而应用技术型高校则承担着应用科学研究的使命和任务。

通过分析经济社会发展进程，我们可以得出一个基本结论：国家的竞争力和经济发展与高等教育的结构高度相关。重视应用技术大学的欧洲国家，其国家的竞争力和经济实力也往往排名靠前，而且这些国家的失业率也相对较低。

应用技术大学培养的应用技术型人才为实体经济发展提供了强有力的人才保障，这才是一个国家拥有稳定竞争力的最大底气。发达的应用技术大学对实体经济的发展形成了强有力的支撑。据统计，德国约三分之二的工程师、三分之二的企业经济师、二分之一的计算机工程师都毕业于应用技术大学，这些高级应用型人才在产品开发和技术创新方面发挥着举足轻重的作用，为德国在积累技术和技能、提升国家创新能力和国际竞争能力等方面作出了卓越的贡献。

我国的高等教育结构的问题已经成为制约高等教育发展的关键问题。地方本科院校的发展定位趋同，要么不顾自身办学条件，盲目向研究型大学目标靠拢；要么虽然定位为应用技术大学，但按照惯性发展，尚未找到转型的路径或突破口。这些高校的行政管理、学科专业、课程设置、师资队伍等依然沿用旧的模式，试图“旧瓶装新酒”，存在明显的转型发展困境。因此，地方本科院校的转型发展是我国高等教育结构调整的必然路径。

（二）地方高校内涵式发展

自从我国实行高校扩招政策以来，地方高校已经成为扩招的主体。但是在向高等教育大众化以及普及化阶段迈进的过程中，由于国家对高等教育发展缺乏分类指导和政策引导，我国高等院校逐渐暴露出分类不清、定位不明、特色不显、目标趋同、跟风升格等问题。因此，明确办学定位，提高办学质量，培育办学特色，坚持内涵式发展道路，已经成为地方高校的发展共识。

中国的高等教育在经历了若干年的外延式扩张后，必然要走内涵式发展的路径。找准发展路径，提升办学实力，扩大社会影响力，培育核心竞争力，彰显办学特色，不断优化学科和专业结构，提高人才培养质量，这才是地方高校坚持自主发展道路的必然选择，也是中国高等教育可持续发展的必然路径。

（三）地方高校特色化发展

地方高校走内涵式发展道路必须克服同质化现象，坚持特色化的内涵式发展之路，综合分析自身的办学传统、办学基础，综合考量区域经济社会发展需求，将特色融入办学目标与定位、办学理念、学科与专业设置、师资队伍建设等方面，着力培育核心竞争力。特色化发展必须是建立在质量基础之上的质量特色化发展，是在学科交叉融合基础之上的学科特色化发展，是在融合区域文化物质基础之上的地方特色化发展①。地方高校的发展只有坚持有质量的特色化发展之路，才能持续产生社会影响力和竞争力。

我国部分地方高校在转型升级过程中，盲目扩大学校规模，追求“大而全”，逐渐失去了原有的办学根基与特色。地方高校的转型发展必须结合地方区域经济社会发展特点，结合当地的主导产业、支柱产业，来申办新专业、调整专业结构，实现产业链与专业链对接，进而彰显学校办学特色。

第二节　地方高校转型发展的历程

“推动本科高校向应用型转变，是党中央、国务院重大决策部署，是教育

① 王志刚．地方高校内涵式发展的基本内容和实现路径 [J]. 宝鸡文理学院学报（社会科学版），2014（2）：111-114.

领域人才供给侧结构性改革的重要内容。”[①] 本科高校向应用型高校转型是我国高等教育结构调整、高校分类发展和特色发展的必由之路，同时也是加快构建中国特色高等教育体系的关键环节。自 2015 年的《教育部 国家发展改革委 财政部关于引导部分地方普通本科高校向应用型转变的指导意见》（以下简称《指导意见》）发布以来，我国已有600余所地方高校参与了转型发展试点。近十年来，我国地方本科高校的转型之路取得了一定成就：国家层面关于地方高校转型的政策规划已经基本成形，政策目标也日渐清晰；地方层面围绕地方高校转型也开始了大胆探索，部分省市已经走出了自己的特色发展道路。

一、萌芽阶段

其实早在 1993 年，《中国教育改革和发展纲要》中就提出“制订高等学校分类标准和相应的政策措施，使各种类型的学校合理分工，在各自的层次上办出特色”。但是一直以来，我国高等教育体系缺乏合理的顶层设计，尤其是现行的高等教育办学体制中，高职教育只是作为一个教育层次而不是一种特殊类型而嵌入高等教育体系，成为高等教育体系中的最低层次教育，一个独立的作为高等教育的一种类型的高职教育体系始终没有建立起来[②]。

2010 年颁布的《国家中长期教育改革和发展规划纲要（2010—2020 年）》提出，要“优化高等教育结构……重点扩大应用型、复合型、技能型人才培养规模”。由此，国家关于地方高校转型的政策已经初见端倪，之后国家出台的高等教育领域关于高校转型发展的一系列政策文件，一定意义上都是对上述精神的具体体现和工作部署。

① 教育部发展规划司．支持应用型本科高校发展有关工作情况 [EB/OL].（2019-02-20）[2024-08-29].https://www.csdp.edu.cn/article/4604.html.

② 张应强．当前我国高等职业教育改革发展的两个问题 [J]. 苏州大学学报（教育科学版），2014（2）：39-45.

二、试点阶段

2013 年，教育部启动了应用技术大学改革试点战略研究项目，开启了探索地方高校转型发展路径的序幕。该项目选取了 30 余所地方高校作为研究成员单位，组织开展分类管理、转型发展的理论研究和实践探索。同年 6 月，教育部在天津职业技术师范大学成立了应用技术大学（学院）联盟和地方高校转型发展研究中心，教育部副部长鲁昕应邀出席。在会上，鲁昕强调，联盟和中心要按照建设现代职业教育体系和推进高等教育分类管理的要求，积极开展地方高校转型发展的基础性、前瞻性研究，学习借鉴发达国家创办应用技术大学的有益经验，对地方高校转型发展提出政策建议，发挥对外交流与合作的桥梁和纽带作用，加快地方高校转型发展，加快调整人才培养结构，成为打造中国经济升级版的重要支持力量。

2014 年 2 月 26 日，国务院总理李克强主持召开国务院常务会议，会议作出了“引导一批普通本科高校向应用技术型高校转型”的战略部署。为落实这一部署，同年4月下旬，在教育部领导的支持和参与下，应用技术大学（学院）联盟、中国教育国际交流协会在河南驻马店主办了首届产教融合发展战略国际论坛，此次论坛围绕推进地方本科高校转型发展，建设中国特色应用技术大学等问题展开深入研讨，上百所高校参加了论坛活动。闭幕式上，有 178 所高等学校共同达成了《驻马店共识》，这 178 所高校表示愿意成为高校转型改革的积极探索者和实践者。

2014 年 6 月，教育部等六部门印发《现代职业教育体系建设规划（2014—2020 年）》。该规划指出：“引导一批本科高等学校转型发展。支持定位于服务行业和地方经济社会发展的本科高等学校实行综合改革，向应用技术类型高校转型发展。鼓励独立学院转设为独立设置的学校时定位为应用技术类型高校。”地方高校向应用技术大学转型的政策导向进一步明确。

三、推广阶段

2015 年的《指导意见》明确了地方高校转型发展的方向、目标、任务和措施，成为推动我国地方高校转型发展的重要行动纲领，是具有标志性意义的核心政策。向应用型转型成为新时期地方高校深化改革发展、提升办学质量和水平的时代主题。为推动地方本科高校转型发展，构建符合中国国情的应用技术教育生态体系，教育部学校规划建设发展中心与美国应用技术教育联盟（GCC）共同开展中美应用技术教育“双百计划”，旨在实现100对中美应用型高校的深度合作以及100对中美校企深度产教融合。“双百计划”于2016年5月正式启动，8月确定了首批14所试点院校和28所项目培育院校。

在这之后，有关地方高校转型发展的政策内容仍在不断丰富和强化。2017年《关于“十三五”时期高等学校设置工作的意见》明确提出：“应用型高等学校主要从事服务经济社会发展的本科以上层次应用型人才培养，并从事社会发展和科技应用等方面的研究。”2019年《国家职业教育改革实施方案》强调，“一大批普通本科高等学校向应用型转变”是我国职业教育改革的具体指标之一。2019年《中国教育现代化2035》仍将“持续推动地方本科高等学校转型发展”作为一项重要的战略任务。这意味着，推动地方高校转型发展已成为我国目前以及未来一段时间内指导地方高校发展的重要战略。

从2010年前后至今，国家围绕地方高校转型发展的政策路线日益清晰，政策目标日益明确，即地方高校必须真正成为应用型高校，办学思路必须服务区域经济社会发展，办学定位必须是培养应用型人才，办学模式与人才培养模式必须实现产教融合、校企合作。

地方政府也相继出台了一系列转型发展实施方案，并在工作推进机制上呈现出一定的区域特色。例如，海南省明确提出，要落实政府责任，“由教育主管部门牵头，会同省发改委、省财政厅、省人力资源和社会保障厅建立联席会议制度，加强对试点高校转型发展工作的领导和统筹，协调解决工作推进中的有关重大问题”。河北省则明确提出了“由省政府副省长任组长，省政府主管教育的副秘书长、省教育厅主要负责同志以及省发改委和省财政厅的分管负责同志任副组长的河北省本科高校转型发展试点工作领导小组，各试点高校党政主要领导为第一责任人”的工作推进机制，同时河北省还提出了任务清单制度、简报制度等六项创造性制度措施。

整体而言，国家和地方关于“地方高校转型”的政策体系已经基本形成，各级转型发展政策是地方高校转型发展的行动指南。根据教育部的相关统计，截至 2019 年 2 月，全国已有 300 所地方高校实施了转型发展，转型发展的覆盖面得到大范围扩展。

第二章　地方高校转型发展的现状

第一节　地方本科高校转型发展的情况

综观我国的地方本科高校转型发展，其经历了一个从下到上、再从上到下的发展过程。随着1999年高校扩招政策的实施，我国一大批专科学校升格为本科层次的高校，因为这些高校多数建立在地级城市，学界称其为新建地方本科院校，外加独立学院，这些院校的总数量已占据全国本科院校的“大半壁江山”。这些学校是我国高等教育大众化、普及化的主力军，其人才培养的质量直接关系着国计民生。

一、国家层面关于地方本科高校转型发展的顶层设计

2000年以后，随着升格为普通本科院校的高职高专数量越来越多，国家也开始越来越重视这个群体的发展与走向，专门成立了全国新建本科院校联盟，负责组织全国新建本科院校联席会，共同交流和推广新建本科院校好的做法和有益经验，同时也为国家做出高等教育决策奠定基础。在刚开始的几年，会议的主题主要是围绕建设什么样的新建本科院校，即围绕学校定位来开展研讨。由于当时对自身的办学条件认识不足，有些新建本科院校提出了建设综合性、研究型大学的目标定位，培养研究型、学术型人才。这种不切实际的定位引起了学界和官方的注意。高等教育研究专家潘懋元先生认为，

如果此问题不能得到妥善的解决，会导致大众化高等教育走偏方向[①]。在第五次全国新建本科院校教学工作研讨会上，时任教育部副部长的吴启迪指出，新建本科院校要着力解决好科学定位问题，以培养高级应用型人才为主，服务于地方经济建设和社会进步[②]。之后，不切实际的办学定位得到了根本扭转，江苏、安徽等省的地方普通本科高校已经开始通过向应用型高校转型探索本科层次职业教育，并取得了明显成效[③]。

2010年6月，《国家中长期人才发展规划纲要（2010—2020年）》正式发布，提出了到2020年，基本形成学习型社会，进入人才强国行列的战略目标，为我国教育发展指明了方向；提出要不断优化高等教育结构，建立高校分类体系，引导高校合理定位，克服同质化倾向，重点扩大应用型、复合型、技能型人才培养规模等要求；进一步从政策上为新建本科院校的定位和转型发展奠定了基础。

2014年2月26日，国务院总理李克强主持召开国务院常务会议，提出要"引导一批普通本科高校向应用技术型高校转型"。同年6月印发的《关于加快发展现代职业教育的决定》，贯彻了李克强总理的指示，强调"采取试点推动、示范引领等方式，引导一批普通本科高等学校向应用技术类型高等学校转型，重点举办本科职业教育"。经过前期对地方高校的密集调研，2014年3月22日，教育部副部长鲁昕在"中国发展高层论坛2014"的讲话中提出，2000年以后升本的近700所地方本科院校外加近1000所高职高专院校共计约1700所高校将逐步转型为技术技能型高校。随后，《指导意见》，从转型工作的思路、目标、任务、措施等方面提出明确的要求。至此，被称作高教领域革命性调整的改革正式开始，推动地方本科高校转型发展的号角正式吹响，从政策上迈出了第一步。

截至目前，已有许多相关的文件陆续出台。如：2017年国务院办公厅印发的《国务院办公厅关于深化产教融合的若干意见》，2018年教育部等六部门印

① 潘懋元．分类、定位、特点、质量：当前中国高等教育发展中的若干问题 [J]. 福建工程学院学报，2005（4）：103-108.

② 教育部副部长吴启迪：新建本科院校科学定位非常关键 [N]. 中国教育报，2005-11-11（1）.

③ 郭俊朝，尹雨晴．地方普通本科高校向应用型转变试点五年回顾与思考 [J]. 职教通讯，2021（8）：23-31.

发的《职业学校校企合作促进办法》，2018 年教育部印发的《高等学校科技成果转化和技术转移基地认定暂行办法》，2020 年教育部办公厅印发的《教育部产学合作协同育人项目管理办法》，2020 年教育部办公厅、工业和信息化部办公厅印发的《现代产业学院建设指南（试行）》，2021 年中共中央办公厅、国务院办公厅印发的《关于推动现代职业教育高质量发展的意见》，等等。这些文件为地方高校转型发展在政策上起到了保驾护航的作用。

二、各地关于地方本科高校转型发展工作的推动情况

由于关于地方高校转型发展的文件是引导性的，并非强制性的，所以各省、自治区、直辖市可以根据各地的实际，开展转型发展工作。尽管如此，我们从各地的报道来看，绝大多数地方教育主管部门非常重视并积极推动地方高校转型发展工作。2009 年，安徽省最早开始开展省级示范性应用型本科改革试点①。但是大多数省份是在2014年《教育部关于地方本科高校转型发展的指导意见（征求意见稿）》发布后，从当年开始出台转型实施方案的。据统计，当年年底已有 22 个省份启动了地方本科高校转型发展改革工作，一批高校在转型改革中已经取得了一定成绩②。根据不完全统计，截至2020年，全国共有除北京、天津、青海、西藏外 27 个省份的 524 所转型试点学校。其中，有 351 所整体转型院校、26 个二级学院（涉及 21 所院校）、697 个专业或专业集群（涉及 195 所院校）。涵盖在校学生数约 630 万人，约占全国地方本科高等学校全部在校生数的 36%③。有的省份已经开始开展第二轮、第三轮试点工作。

① 郭俊朝，尹雨晴 . 地方普通本科高校向应用型转变试点五年回顾与思考 [J]. 职教通讯，2021（8）：23-31.

② 张维 .22 个省份启动地方本科高校转型支持用人单位参与人才培养全过程 [EB/OL].（2014-12-08）[2018-06-18]. http://www.mzyfz.com/cms/pufazhuanlan/pufazhongxin/pufayaowen/html/1172/2014-12-08/content-1093926.html.

③ 郭俊朝，尹雨晴 . 地方普通本科高校向应用型转变试点五年回顾与思考 [J]. 职教通讯，2021（8）：23-31.

三、民间层面关于地方本科高校转型发展的情况

2013年6月28日，教育部在天津职业技术师范大学召开应用技术大学（学院）联盟和地方高校转型发展研究中心成立大会。应用技术大学（学院）联盟是在教育部的指导下，由以应用技术大学为办学定位的地方高等学校发起成立的民间的、学术性机构和协作组织。为更好地推进长三角联盟高校之间合作交流，形成工作抓手，实现联盟资源共享和整体优势，2015年8月16日，上海市、江苏省、浙江省、安徽省的20所本科高校组建成立了“长三角地区应用型本科高校联盟”。

与此同时，多地为了深入开展转型发展工作的理论研究和经验交流，也纷纷建立了各种形式的联盟、研究会等。如安徽省早在2008年就成立了由14所本科院校组成的应用型本科高校联盟，联盟在省委教育工委、省教育厅的指导下开展工作，遵循“优势互补、资源共享、互惠互利、共同发展”的原则，深化高等教育改革，优化资源配置，实现开放办学，推进安徽省高等教育科学发展，着力提升办学效益与竞争力，主动适应、服务和引领经济社会发展，为繁荣安徽高等教育事业，加快安徽高教强省建设步伐，实现安徽奋力崛起作出积极的贡献。随后，河北省、湖北省、广西壮族自治区、四川省、云南省、山西省等都纷纷成立了本省的应用型高等学校联盟。河北省于2017年9月18日成立了河北省应用技术大学研究会，该会由10所转型发展试点高校发起，22所应用型本科高校、8家企业联合成立，它们共同致力于转型发展试点高校之间的经验共享与交流合作。此外，还有的学校之间成立了专业联盟、边际联盟、教务处长联盟等组织，共同协作，促进本地或区域内高校的转型发展工作。

四、转型发展试点高校的情况

目前，转型发展试点高校的转型发展主要有三种方式：高校整体转型、高校整体转型与二级学院和专业（集群）转型相结合、专业转型。其中，采用高校整体转型方式的高校数量最多。《指导意见》中明确要求，推动转型发

展高校把办学思路真正转到服务地方经济社会发展上来，转到产教融合、校企合作上来，转到培养应用型技术技能型人才上来，转到增强学生就业创业能力上来，全面提高学校服务区域经济社会发展和创新驱动发展的能力。这“四个转到”总体上规定了地方普通本科高校转型发展的定位、目标、任务及路径。其中，“产教融合、校企合作”作为转型发展的路径，制约了转型定位、目标与任务实现的可能性与达成度①。综观转型试点高校的转型发展，开展校企合作、产教融合是通行做法。本部分我们以常熟理工学院为例，试图达到窥一斑见全豹的效果。

江苏常熟理工学院前身是于1958年建校的苏州师范专科学校，2004年经教育部批准升本。该学校是国家“十三五”应用型本科产教融合发展工程项目建设高校、国家“十四五”教育强国推进工程储备院校、教育部“卓越工程师教育培养计划”试点高校、全国高校质量保障机构联盟副理事长单位、江苏省首所省市共建省属本科高校。学校坚持校地互动发展、校企合作的办学思路，围绕服务地方经济社会发展，着力培养高素质应用型人才，不断提升科学研究和科技服务水平，形成了以理工为主、多学科协调发展的办学格局。学校确立了“质量立校、特色名校、人才强校、文化兴校、开放活校”的发展战略和“注重通识、融入业界”的人才培养理念，以“办好一流应用型本科教育，培养一流应用型本科人才”为目标，坚持“强化内涵、树立品牌、培育特色”，以品牌专业建设为引领，以专业认证为抓手，以产教融合为路径，探索基于现代产业学院建设的跨学科、跨专业的复合型应用型人才培养模式改革，现代产业学院人才培养模式特色明显。学校建立了全国第一家电梯工程学院，全省第一家光伏科技学院，以及纺织服装、人工智能、医药生物技术、智能制造、声学技术、应急管理及电商等多个现代产业学院，获得首批国家级现代产业学院1个，省级重点产业学院（含应急管理学院）4个。学校拥有11个国家级一流本科专业建设点、4个教育部“卓越计划”试点专业、2个教育部本科专业综合改革试点、2个国家级特色专业建设点，建有国家级工程实践教育中心、国家大学生校外工程实践教育基地。学校与美

① 田海洋．转型发展高校的产教融合：进展、问题与策略 [J]. 玉林师范学院学报，2021（2）：123-129.

国、英国、德国、日本、芬兰、韩国等国家和中国香港、澳门、台湾地区的90多所高等院校建立了友好合作关系。分别与德国北黑森应用技术大学、德国米特韦达应用技术大学、英国利物浦约翰摩尔大学联合开展机械电子工程、电气工程及其自动化和电子信息工程等专业的3个中外合作办学项目（双学位）。与美国南伊利诺伊大学爱德华兹维尔分校，威斯康星大学斯托特分校，威斯康星大学欧克莱尔分校合作开展经济与金融、材料科学与工程、软件工程、食品质量与安全、机器人工程等专业的5个中美学分互认联合培养项目（双学位）。常熟理工学院走出了一条具有自身特色的转型发展道路[①]。

第二节　地方高校转型发展研究综述

地方高校转型发展在我国是第一次明确提出的旨在适应国家经济发展需要、优化高等教育结构、提升教育教学质量的改革运动。这场改革不仅受到各级政府的支持和社会各界的关注，也伴随着专家、学者的大量深入的思考与研究，这些思考与研究为顺利推动地方高校转型发展提供了强大的理论支撑，也为地方高校转型发展在全社会形成共识奠定了广泛的基础。与地方高校转型发展的实践探索一样，对地方高校转型发展的理论探讨也经历了酝酿、讨论、探索与深化四个阶段。

一、酝酿阶段

通过查阅文献资料，我们认为，真正开始比较系统地研究地方高校转型发展的是王玉丰2008年的博士论文《常规突破与转型跃迁——新建本科院校转型发展的自组织分析》。该论文以1998年以来升本的地方高校如何真正实现从形式到实质的转型作为研究问题，以自组织理论为基础，以历史的、现实的视角，从动态和静态层面，对影响新建本科院校发展的各种因素进行了

① 根据常熟理工学院网站的学校简介整理。

系统分析，提出“战略－组织－制度”三位一体构建模式是这类院校转型发展得以实现的主要行动策略[①]。2009年，《浙江日报》报道了在全国两会上，全国政协委员、浙江科技学院院长杜卫提出的“重点建设100所地方应用型本科院校”的观点。杜卫建议，应从制度安排和政策设计层面，把应用型院校作为高校的一个类型，加强对应用型院校的“分类指导”，实施“分类投入”，鼓励办出特色和水平。国家可以重点资助建设100所地方应用型本科院校，分5年建成，探索应用型人才培养的有效途径[②]。这是全国政协委员首次提出的建设应用型大学的建议与设想。之后，关于地方高校转型发展的话题逐渐进入专家学者的视野。王玉丰认为，常熟理工学院通过学科专业、科研、师资队伍等多重转型，走出了一条具有鲜明特色的转型发展之路，并可以作为我国新建本科院校转型发展研究的典型样本[③]。之后，顾永安、朱士中、傅大友等常熟理工学院的教师和校领导纷纷撰文，阐述对转型发展的思考，成为地方高校转型发展理论研究的先声。2011年以来出版的专门针对本科院校转型的著作有王玉丰的《中国新建本科院校转型发展研究》、顾永安的《新建本科院校转型发展论》等。这些著作的出版为地方高校转型发展奠定了丰厚的研究基础，也为后续更深入的研究提供了思考视角和基础。

二、讨论阶段

2013年，在教育部启动地方本科高校转型发展课题研究之后，当年11月份，有两份影响较大的调查报告发布：一份是孟庆国等人的《地方本科院校转型发展实践与政策研究报告》，另一份是孙诚等人的《地方本科院校转型发展研究报告》。这两份报告对我国地方本科高校转型发展的问题进行了分析，对欧洲应用技术大学的办学定位、人才培养等进行了全方位介绍，提出了对我国地方高校转型发展的政策建议。2014年1月，教育部副部长鲁昕在对黄

① 王玉丰．常规突破与转型跃迁：新建本科院校转型发展的自组织分析 [D]. 武汉：华中科技大学，2008.

② 重点建设100所地方应用型本科院校 [N]. 浙江日报，2009-03-10（3）.

③ 王玉丰．常熟理工学院转型发展研究：基于院校视角研究 [J]. 常熟理工学院学报，2009（12），16-20.

淮学院等地方高校调研后，3 月 22 日在“中国发展高层论坛 2014”的讲话中提出，2000 年以后升本的近 700 所地方本科院校外加 1000 所高职高专院校共计 1700 所高校将逐步转型，做现代职业教育。随后，《教育部关于地方本科高校转型发展的指导意见（征求意见稿）》发布，在我国高等教育界引起了轩然大波。学界对转型发展也展开了学术探讨。几位有着学者身份的教育行政官员和地方高校领导同年也撰文表示支持转型发展，如教育部国家发展研究中心高等教育研究室主任马陆亭发表的《应用技术大学建设的若干思考》、教育部高等教育教学评估中心院校评估处处长刘振天发表的《地方本科院校转型发展与高等教育认识论及方法论诉求》、教育部学校规划建设发展中心主任陈锋发表的《关于部分普通本科高校转型发展的若干问题思考》、重庆市教委副主任牟延林发表的《地方高校转型发展：以“需求”引导，以“主题”促进，以“典型”推动》等，此外，重庆文理学院党委书记陈泽平、南京金陵科技学院党委书记陈小虎、宜宾学院院长汪明义、西昌学院院长夏明忠等也纷纷发文给予支持。与此同时，也有一些专家学者对转型发展提出了异议和建议。他们认为：地方本科高校转型不能仅仅体现在政府文件上，也不能只是对高校角色进行政策性的重新定义；转型不是政府说、高校演的“双簧”，也不是高校自导自演的“独角戏”[①]，更不应该是政府一厢情愿的事，应充分尊重学校自身的意愿[②]。这也说明当时人们对地方高校转型发展这一改革给予了高度的关注与热烈的讨论。

三、探索阶段

2015 年 10 月 23 日，在经过一年多的讨论、热议后，《指导意见》正式发布，表明引导部分地方高校转型发展已经成为国家的坚强意志和决心。之后学界对于转型发展的质疑很快销声匿迹，转而开始从正面或问题导向角度探讨应该如何转型。此阶段是很多省份开展首轮转型发展试点的密集阶段，

① 柳友荣．转型不是高校自导自演的“独角戏”[N]. 中国教育报，2015-06-19（1）.

② 熊丙奇．地方本科院校转型，别是政府部门一厢情愿 [N]. 中国青年报，2014-03-31（11）.

伴随着转型发展的实践探索，学界在转型发展理论上也进行了卓有成效的思考与研究。此阶段的理论研究主要聚焦在转型治理、“双师型”教师队伍建设、校企合作、产教融合等薄弱却又非常关键的方面。

在转型治理上，人们普遍认为，地方本科高校向应用型高校转变，培养高素质应用型人才，需要完善和提升与之相适应的治理结构和治理能力。目前，我国地方高校治理结构存在的问题主要是政府对高校的自主权放权不够，对人、财、物等办学资源的控制依然很强，学校办学封闭性强，缺少企业的有效参与。即便有企业参与，但无论是在参与的数量上，还是在参与的程度上，都远远不够，且地方高校与企业之间权责不分，缺乏明确性[①]。因此，应设立高校理事会，吸纳社会各界优秀人士，明确职责，实施有效监督。此外，政府应转变角色定位，赋予高校更多的自主权，平衡高校与社会之间的关系，实行弹性控制[②]。

在“双师型”教师队伍建设上，转型高校的目标是培养应用型人才，需要培养学生具备动手操作能力和解决实际问题的能力，因此，拥有一支既有理论功底又有实践指导能力的“双师双能型”教师队伍非常必要，非常迫切。但是，目前国家层面没有出台明确的“双师双能型”教师认定标准，学校自行认定的“双师双能型”教师又缺乏真正的实践指导能力，“双师双能型”教师建设依然困难重重。研究者建议拓宽教师引入渠道，避免单一地从高校招聘，并根据行业企业标准规范教师准入制度，建立分类分层考核评价体系，完善激励机制，调动教师的积极性[③]。

校企合作、产教融合是转型发展的重点和突破口，针对校企合作、产教融合中存在的学校热、企业冷，合作双方权利不对等等方面的问题，研究者建议政府、学校和企业三方建立联动机制。政府要建立政策支撑体系，打造良好的场域环境；学校要主动构建跨界机制，促进异质性要素流通；企业要

① 李晏军．地方高校向应用技术型高校转型中的治理结构探究 [J]. 教育现代化，2019（73）：72-73.

② 隋唐．转型高校治理结构创新 [J]. 教育现代化，2018（8）：99-100.

③ 黄胜，陈飞虎．转型高校“双师型”教师队伍建设困境与突破路径 [J]. 继续教育研究，2020（4）：55-58.

积极建立合作关系，寻找外部知识资源[①]。

四、深化阶段

2015年以来，很多省份陆续完成了首轮、二轮甚至三轮的转型发展试点高校评估验收工作。河北省教育厅从2020年11月26日开始至12月初，组成了3个评估专家组，对列入本省第一批转型发展试点的10所学校开展了实地评估，并于2020年12月22日对评估结果进行了通报。通报显示，有8所试点学校被命名为“河北省本科高校转型发展示范学校”[②]。2020年7月30日，教育部办公厅、工业和信息化部办公厅联合印发了《现代产业学院建设指南（试行）》的通知。针对上述两种情况，学界对转型发展的研究逐渐开始转向探索转型成效和现代产业学院发展。李志刚针对产教融合的成效进行了理论分析，他在阐述产教融合的概念和特征的基础上，认为产教融合在实现高校与企业的互利共赢，改善高校师资结构，构建产教融合、分层实训的实践平台方面具有明显成效[③]。郭建如和刘彦林基于组织转型的视角，运用调查研究方法进行了研究，研究结果显示，新建本科院校中学校层面和院系层面均转型深入的学校在校企合作、课程设置、教学行为、应用型科研等方面表现得更好。整体上，我国地方普通本科院校向应用型的转型已经过发动阶段、试点与推广阶段，现在正逐步进入深度转型阶段[④]。贾艳丽认为，对地方本科高校转型发展成效的考量要重点看高校在人才培养模式、学科专业、师资队伍、科学研究、战略规划和组织文化等六个方面的转型效果。在评价体系构建中，应处理好应用型与地方性、共性与个性、定性评价与定量评价的

① 刘尚儒，邵长兰.“突破与共赢”：转型发展中地方普通本科院校、政府与企业的合作：基于场域视角的分析 [J]. 职教通讯，2019（19）：1-6.

② 河北省教育厅，河北省发展和改革委员会，河北省财政厅 . 关于对我省普通本科高校转型发展第一批试点学校验收评估情况的通报 [EB/OL].（2020-12-22）[2021-01-13]. http：//jyt.hebei.gov.cn/col/1410097726928/2021/01/01/1609469019094.html.

③ 李志刚 . 地方本科高校转型背景下产教融合的成效探析 [J]. 辽宁科技学院学报，2020(4)：13-15.

④ 郭建如，刘彦林 . 地方普通本科院校向应用型转型的进展及其效果：基于组织转型的视角 [J]. 职业技术教育，2021（9）：8-15.

关系，但并没有构建出指标体系①。韩伏彬等人以河北省首轮转型发展试点高校评估为例，结合国家转型指导意见，参照河北省验收评估指标体系，构建出转型成效可衡量的指标体系。研究结果表明，试点高校均取得不同程度的转型发展成效，行业性高校转型工作成效最为明显②。尽管如此，究竟全国高校转型的成效如何，官方未发布正式报告。

关于产业学院的研究从2005年已经开始有了，2020年以来更是迅速升温，产业学院在目前已经成为推进地方本科高校转型发展，尤其是产教融合的热点问题。尽管国家已经出台了《现代产业学院建设指南（试行）》，但是关于产业学院的概念依然存有争议，据不完全统计，关于产业学院的概念不下30种，邓泽民和李欣根据已有概念统计，将对产业学院内涵的论述划分为基地说、学院说、实体说、模式说、机构说、平台说、组织说等7种③。产业学院主要起步于高职院校，后在地方本科院校转型发展中得到进一步发展。产业学院是一种混合资本形式的组织，涉及多方利益主体，其问题也相继而生。陈春晓和王金剑认为，当前应用型本科高校产业学院存在着功能定位不清晰、不精准、缺乏战略性，弹性学制、学分和工学交替模式的实施层面弹性不足，学校教学与企业生产运营难以协同，本校师资与企业师资难以实现协同育人、人才互用等多种困境④。此外，林萍认为，产业学院还存在现代治理结构不健全，政府主导和行业协会指导有待加强，产学双方合作有各自不同的动机，高校在教育改革中的决心和毅力不足等困境⑤。走出上述困境，需要政府主导主责，根据产业学院定位，建立现代治理机制，明确合作方的责任和权利，理顺运行机制，做好校内外师资互补互

① 贾艳丽．地方本科高校转型发展成效评价体系的理论建构与若干思考[J]. 南阳理工学院学报，2022（3）：97-101，118.

② 韩伏彬，王光远，董建梅．河北省试点本科高校转型发展成效评价研究[J]. 上海教育评估研究，2022（2）：62-66，79.

③ 邓泽民，李欣．职业教育产业学院基本内涵及界定要求探究[J]. 职教论坛，2021（4）：44-50.

④ 陈春晓，王金剑．应用型本科高校产业学院发展现状、困境与对策[J]. 高等工程教育研究，2020（4）：131-136.

⑤ 林萍．应用型地方高校产业学院建设的模式、困境和对策[J]. 中国科技产业，2021（9）：53-55.

助工作，工学交替要根据实际灵活实施，提高应用型人才质量。为推进新工科建设全面深化、加快现代产业学院建设，2021 年 12 月 27 日，教育部办公厅、工业和信息化部办公厅公布了首批 50 所现代产业学院名单，现代产业学院将成为推动地方本科高校转型发展的新趋势或新模式。有人称产业学院是中国特色产教融合的组织创新[①]，是产教融合命运共同体的实践路径[②]。

① 任金秀，周红利 . 产业学院：中国特色产教融合的组织创新 [J]. 职教论坛，2021（4）：51-55.

② 梁玉国，赵立艳，李秋华 . 产业学院：产教融合命运共同体的实践路径 [J]. 煤炭高等教育，2021（5）：19-24.

第三章　地方高校转型发展的理论

第一节　地方高校转型发展的相关概念

地方高校转型发展不仅是我国高等教育结构调整的需要，更是在新时代建设高等教育强国的征程上开展的旨在提升地方高校与社会产业转型升级的匹配度、提升应用型人才培养质量、在不同层次上办出一流水平高校的需要。也就是说，新时代是其改革的大背景，应用型高校是其建设的目标，转型发展是实现目标的路径和手段。

一、新时代

新时代指中国特色社会主义新时代，2017 年 10 月 18 日，习近平总书记在党的十九大报告中作出了“经过长期努力，中国特色社会主义进入了新时代，这是我国发展新的历史方位”这一重大政治判断。进入新时代，是从党和国家事业发展的全局视野、从改革开放近 40 年的历程和十八大以来取得的历史性成就和历史性变革的方位上所作出的科学判断。

党的十九大报告赋予“新时代”五个内涵：一是从历史、现在、未来的联系上看，这是承前启后、继往开来，在新的历史条件下继续夺取中国特色社会主义伟大胜利的时代；二是从我们承担的历史使命看，这是决胜全面建成小康社会、全面建设社会主义现代化强国的时代；三是放到中国人民对美好生活的追求上看，这是全国各族人民团结奋斗、不断创造美好生活、逐步实现全体人民共同富裕的时代；四是放到民族复兴的角度看，这是全体中华儿女勠力同心、奋力实现中华民族伟大复兴中国梦的时代；五是放在世界大局中看，这是我国日益走近世界舞台中央、不断为人类作出更大贡献的时代。

新时代是对坚持和发展什么样的中国特色社会主义、怎样坚持和发展中国特色社会主义这一重大时代课题的有力回答，是马克思主义同中国实际相结合的历史性飞跃，是全党全国人民为实现中华民族伟大复兴而奋斗的行动指南。

新时代是地方高校转型发展的宏观背景，对地方高校转型发展具有重要的指导意义，地方高校转型发展必须与中国特色社会主义建设，实现现代化强国，实现全体人民共同富裕，实现中华民族伟大复兴中国梦，走向世界舞台中央保持同频共振，同向同行，为党育人、为国育才，培养德智体美劳全面发展的社会主义建设者和接班人。

二、地方高校

地方高校一般指地方所属高等学校。从整体上看，我国普通高等学校大概可以分为两种：一种是中央部委直属院校，可分为教育部直属院校和其他部委直属院校，这类高校是由国家与地方共同监管，一般的日常管理工作由地方政府主导，重要性决策由中央直接部署，主要是通过中央财政统一拨款。另一种是地方院校，指隶属于各省、自治区、直辖市，大多数靠地方财政提供资金，由地方行政部门划拨经费的普通高等学校。地方高校作为我国高等教育体系的主体部分，以服务区域经济社会发展为目标，着力为地方培养高素质人才。

目前，我国地方高校主要包括：部委属高校、部省合建高校、省部共建高校以及省属高校，与单纯归省、区、市管辖的高校相比，前三种性质的高校会得到来自国家的一定的政策支持和资助，省属高校与中央部委直属高校相比，其实力还存在一定的差距。

随着我国高等教育体制改革进程的不断推进，目前我国高校已经基本形成了“中央与地方共建，以地方管理为主”的管理体制机制，并且其中一些中央部委直属高等院校也慢慢转为省属院校，地方高校的数量不断增加，地方高校已成为我国高等院校的重要组成部分，同时也对我国各个地区的经济、政治、文化以及社会的和谐发展起到关键性作用。

本研究中的地方高校主要指省属普通本科高校，如省属新建本科院校、独立学院、民办本科高校等。

三、应用型高校

应用型高校是高等教育院校的一种，主要指以应用型为办学定位，而不是以科研型为办学定位的本科高等院校。1997 年《国际教育标准分类》将教育体系从纵向上划分为 7 个层次，本科层次主要在第 5 个层次；本科层次又分为 5A 和 5B 两种类型的高校，前者属于理论型高校，后者为职业型高校。理论型高校又可以划分为 5A1 和 5A2 两种，5A1 主要培养研究型人才，5A2 主要培养应用型人才。2014 年教育部等六部门印发的《现代职业教育体系建设规划（2014—2020 年）》将我国高校分为研究类型高校、应用技术类型高校、高等职业学校，鼓励举办应用技术类型高校，将其建设成为直接服务区域经济社会发展，以举办本科职业教育为重点，融职业教育、高等教育和继续教育于一体的新型大学[①]。2017 年教育部发布了《关于“十三五”时期高等学校设置工作的意见》，明确将我国高等教育总体上分为研究型、应用型和职业技能型三大类型。应用型高等学校主要从事服务经济社会发展的本科以上层次应用型人才培养，并从事社会发展与科技应用等方面的研究[②]。潘懋元先生曾将我国高等教育分为普通高等教育和高等职业教育两个子系统，将高等学校分为学科型、应用型和技能型 3 类。他在《什么是应用型本科》一文中提到了应用型高校的“四个为主”，即以培养应用型人才为主、以培养本科生为主、以教学为主、以面向地方为主。

综上，我们认为，应用型高校是区别于研究型高校和职业型高校的一种

---

① 教育部，国家发展和改革委员会，财政部，等 . 教育部等六部门关于印发《现代职业教育体系建设规划（2014—2020 年）》的通知 [EB/OL].（2014-06-16）[2015-06-17]. http：//www.moe.gov.cn/srcsite/A03/moe_1892/moe_630/201406/t20140623_170737.html.

② 教育部 . 关于“十三五”时期高等学校设置工作的意见 [EB/OL].（2017-02-04）[2018-16-24]. http：//www.moe.gov.cn/srcsite/A03/s181/201702/t20170217_296529.html.

类型的高校，是主要面向地方经济社会发展，培养本科生应用知识理论分析问题、解决问题的能力的本科高校。

四、转型发展

“转型”是一个社会学概念，指传统社会向现代社会转变的过程，后来指人们的认识观念和事物的组织形态、运转模式的综合性转变过程。所谓地方本科院校转型发展，就是指基于高等教育发展趋势、经济需求和高校自身特点的科学定位，寻求并确立新的发展式样和选择新的发展路径的改革过程，其本质所表达的是一种新的价值定位和调适[①]。王玉丰认为，所谓转型发展，是指地方高校在面对生存环境变化时，主动地对自身内部结构要素以及要素间关系进行调整与变革，通过转型跃迁以适应环境的变化，进而实现学校内部稳定性与外部动态性相互平衡的转化过程。具体来说，转型有三层含义：转型是在原有基础上向新的方向转化；转型是对原有结构进行变革的一个过程；转型作为过程具有不确定性，并不必然形成良性的结果[②]。转型的重点是把办学思路真正转到服务地方经济社会发展上来，转到产教融合、校企合作上来，转到培养应用型技术技能型人才上来，转到增强学生就业创业能力上来。转型的目标是鼓励举办应用技术型高校，将其建设成为直接服务区域经济社会发展，以举办本科职业教育为重点，融职业教育、高等教育和继续教育于一体的新型大学。本研究倾向于最后这一种解释：融职业教育、高等教育和继续教育于一体的新型大学，即应用型大学。

第二节　地方高校转型发展的理论基础

理论是行动的先导。地方高校转型发展不仅有外在的实践，也有其内在

① 张健．地方本科院校转型发展：问题与建议 [J]. 职业技术教育，2016（15）：36-40.
② 王玉丰．中国新建本本科院校转型发展研究：基于自组织理论的分析范式 [M]. 北京：教育科学出版社，2011.

的理论基础。

一、供给侧结构性改革理论

2015年11月10日，中央财经领导小组第十一次会议上，习近平总书记提出，要“在适度扩大总需求的同时，着力加强供给侧结构性改革”①。此后，习近平总书记多次在不同场合，围绕“供给侧结构性改革”发表重要论述。从那时起，供给侧结构性改革开始成为社会各界热议的高频词。

供给侧结构性改革的理论来源在学界众说纷纭。一般认为，最早可以追溯到法国经济学家萨伊在1803年出版的《政治经济学概论》中提出的萨伊定律，即供给创造需求。但是此理论提出的本意并不是忽视需求端，而是反对国家干预，让市场自由发挥自身的强大调节作用，这种过分强调市场作用的也必然会导致经济增长的无序竞争，最终滑入经济危机的窠臼。1857年，马克思在《〈政治经济学批判〉导言》一文中，表达了社会再生产理论，从社会关系角度论述了生产、分配、交换、消费之间的辩证关系，即社会再生产的四大环节，认为生产是决定性因素，物质资料生产始终是起点和基础。同时要注意，其他三个环节处理不好，也会起到反作用。此外，马克思在《资本论》《工资、价格和利润》等著作中对商品与劳动力的供给与需求关系多有论述，从商品供需关系方面揭示了价值与价格的规律。20世纪70年代，美国供给学派崭露头角，此学派为应对西方发达国家经济增速缓慢，强调供给会自动创造需求，提出了减税、削减政府开支、限制货币发行量等政策建议，与美国总统里根的执政思路不谋而合。但此派提出的政策的效果不尽如人意，不仅造成了美国连续几年的财政赤字，同时也将美国从最大债权国变成了最大债务国。至此，供给学派宣告失败。供给学派失败的最终原因是没能区分改革所处的经济条件，如果在物资短缺的条件下，供给创造需求是完全可能的，但当时的美国显然不是这样。吸取西方发达国家经济发展的教训，借鉴马克思主义经济危机理论，我国之所以进行供给侧结构性改革就是由于经济

① 习近平主持召开中央财经领导小组第十一次会议[EB/OL].（2015-11-10）[2018-03-07]. https://www.gov.cn/xinwen/2015-11/10/content_5006868.htm.

的全球化——世界各国之间的联系日益增多，各国彼此之间的依赖日益增强，西方国家的金融危机必然会波及中国，影响中国经济的发展[①]。我国的供给侧结构性改革的提出主要是基于对我国经济发展到新常态阶段所表现的特征的考虑。现在我们的生产供给是充分的，但产品的质量和工艺需要再提升和改进，去产能、去库存、去杠杆、降成本、补短板是适应产业结构转型升级的需要，是提高供给体系质量和效率、提高投资有效性、加快培育新的发展动能、改造提升传统的比较优势、增强持续增长动力的需要。既要重视供给侧，又要重视结构性改革，最终是要满足人民对美好生活的需要。

供给侧结构性改革是一个复杂的系统工程，涉及经济社会发展的各个领域、生产中的各个要素。经济结构的调整，必然涉及人才供求关系。人才是产业链、创新链中最具活力的因素，人才的有效供给主要靠高等学校来培育和提供，当前我国大学生依然面临着结构性就业困境，主要原因是学校的学科专业结构与社会需求还不完全匹配，学术型或理论型人才培养过多，应用技术技能型人才培养不足，必然要求高等教育结构进行调整。这其实也是教育与生产力发展关系的体现。当前我国广大地方高校积极响应国家引导，向应用型转变，可谓是与时俱进，是对供给侧结构性改革理论的积极回应和正确决策。也可以说，供给侧结构性改革恰好为高等教育改革提供了一个高校与社会相衔接的切入点，为高校实现自身转型发展提供了方向[②]。

二、利益相关者理论

一般认为，利益相关者理论产生于 20 世纪 30 年代，后因有斯坦福研究所的相关研究，20 世纪 60 年代以后，该理论的影响不断扩大。从那时起，该理论大致经历了三个发展阶段：20 世纪六七十年代，此阶段主要对利益相关者的内涵和外延进行澄清，利益相关者除了公司企业的大股东们，还包括管理人员、工人、供应商以及顾客等群体，这些群体在不同程度上影响着公

① 张峰．供给侧结构性改革政治经济学研究的四重维度 [J]. 理论界，2022（3）：1-8.
② 徐清洁，徐传明．透视供给侧改革反思地方高校转型发展 [J]. 中国成人教育，2018（3）：23-25.

司的战略决策和管理效率；20 世纪 80 年代至 90 年代初期，此阶段利益相关者的影响逐渐扩大，不仅能够影响企业目标的实现，而且利益相关者是企业不可或缺的重要组成部分，并与给企业提供相关支持的社会大系统一起发挥作用；20 世纪 90 年代中期以后，威勒对利益相关者从社会性和紧密性两个维度进行了界定和分类，米切尔从已有的利益相关者理论的研究视角提出评分法，量化界定利益相关者概念①。针对过去30多年的概念研究，米切尔和伍德进行了系统总结，将利益相关者分为三个圈层：第一圈层泛指所有受公司经营活动影响或者影响公司经营活动的自然人或社会团体；第二圈层专指那些与公司有直接关系的自然人或社会团体，不含政府和其他社会团体等；第三圈层特指在公司下了“赌注”，其利益与公司利益紧密相关的自然人或社会团体。这一圈层划分为人们厘清利益相关者概念的外延以及对利益相关者的后续深入研究奠定了坚实基础。

我国学者对利益相关者理论的关注和研究起步较晚，主要集中在 20 世纪 90 年代中期以后，且大多未能脱离西方学者的研究范畴，主要运用调查的方式进行例证。应该说，利益相关者理论是一种与股东至上理论相对立的企业治理理论，它是在对股东至上理论的质疑和批判中逐步产生和发展起来的。利益相关者理论在企业中的应用有其合理性和有效性。一是从内部而言，企业内部的相关利益相关者的利益受到了重视，就可以减少监督激励成本、机会主义行为、交易成本和由于信息不对称带来的成本。二是从外部而言，公司与客户、供应商等外部相关利益者之间如果能建立长期稳定的合作关系，就非常有利于促进企业获得无形的有价值的资产，超越竞争对手，形成企业的核心竞争力。当然，也有人指出了该理论在难以平衡各相关利益者之间的关系等方面的不足，即使有不完善，利益相关者理论也仍旧是企业理论发展的趋势，相信随着实践发展和时间的推进，它终将得到成长完善。

我国地方高校多数建在地级市，长期在地方政府的管理下发展，地方政府为高校提供基本的人、财、物等办学资源。这种隶属关系的长期存续必然会影响地方高校办学的自主性、积极性和创造性。当前，国家正积极引导地方高校向应用型转变。实施校企合作、产教融合，吸纳更多的校外利益相关

① 贾生华，陈宏辉 . 利益相关者的界定方法述评 [J] . 外国经济与管理，2002（5）：13-18.

者积极参与办学，确实是理顺地方政府与高校关系很好的契机。因此，地方高校转型发展应积极吸纳利益相关者理论的精髓，切实开展与校内外利益相关者的合作，重视并尊重他们的利益诉求，形成利益共同体，为社会经济发展培养出高质量的应用型人才。

三、现代治理理论

在我国，“治理”一词的历史源远流长，中国历代都讲治理，其内涵在不同时代不断丰富和拓展。尤其在近二三十年，“治理”一词被赋予了许多新的内涵。在世界层面，20 世纪七八十年代以来，在经济全球化发展趋势下，世界各国为提高综合竞争力，纷纷转变经济发展方式，大多以发展知识经济和高新技术产业为主，标志着后工业时代的来临。而以 19 世纪工业生产技术为基础建立起来的官僚化政府，其管理方式越来越不适应全球化带来的各种问题，尤其是社会矛盾的尖锐化、多样化和复杂化，以及全球面临的普遍性的安全、生态和环境问题都需要各国以合作的姿态来应对，这就促使各个国家或政府转变传统的管理方式。治理运动开始进入政治学、经济学、管理学各界，成为一种新的制度范式，成为公共管理研究领域的新课题。2013 年 11 月 12 日，中国共产党第十八届中央委员会第三次全体会议通过的《中共中央关于全面深化改革若干重大问题的决定》明确提出，全面深化改革的总目标是完善和发展中国特色社会主义制度，推进国家治理体系和治理能力现代化。中国行政管理学会执行副会长高小平认为，“治理”是一个古老的词语，与传统意义上的“管理”相比，重点强调多元主体管理，民主、参与式、互动式管理，而不是单一主体管理。从传统“管理”到现代“治理”的跨越，是治国理政总模式包括权力配置和行为方式的一种深刻的转变[①]。

1995 年，全球治理委员会正式将治理定义为“是个人或组织、公共部门或私有部门管理其一般事务的多种方式的总和，它是一个使得冲突和多元利

① 治理体系和治理能力如何实现现代化：专家解读“全面深化改革的总目标”[N]. 光明日报，2013-12-04（4）.

益得到妥协并采取合作行为的持续过程”①。李福华将治理的共性特点归纳为四点：强调政府与公民社会的合作，强调自上而下的管理与自下而上的参与相结合；强调管理主体的多样性；在管理的性质上强调政府对公民的服务；在管理技术上强调引入市场的机制②。

治理理论具有广泛的适应性，这是由治理主体的多样化所决定的。也就是说，在社会公共事务的管理中，除了政府这个主体，还存在着政府派生实体、非政府组织、私人机构以及公民个人在内的许多决策中心，它们在一定规则的约束下，以多种形式共同行使主体性权力。这种主体多元、方式多样的公共事务管理体制就构成了多中心体制③。

大学治理相对于权力集中的国家政府而言，具有多元性、独立性等特点，其内部决策机制更加倾向于采用民主协商的方式。但是随着世界各国政治力量的不断加强，再加上大学在发展中必须依靠政府的财力支持，大学传统的管理模式逐渐受到政府管理机制的影响，建立了科层制度，党政权力逐渐凌驾于学术权力之上，教职工代表参与学校管理的话语权逐渐缺失。因此，建立政府宏观管理、市场适度调节、社会广泛参与、学校依法自主办学、校长负责、教授治学、民主管理的现代大学制度成为必然。地方高校转型发展的过程其实也是一个进一步理顺与地方政府的关系的过程。培养应用型人才，向应用型高校转变，也必然要实行开门办学模式，充分重视社会各界的广泛、深度参与，优化治理结构，实施主体多元的协同共治，为经济社会发展培养高素质应用型人才。

我们认为，支撑地方高校转型发展的理论有很多，不是也不可能是一个理论就能全面解释和支撑地方高校转型发展的，需要从多个方面和角度对地方高校的转型发展进行观照和理解。

① Commission on Global Governance. Our global neighborhood：the report of the Commission on Global Governance[M].Oxford：Oxford University Press，1995.

② 李福华 . 大学治理与大学管理 [M]. 北京 ：人民出版社，2013.

③ 陈广胜 . 走向善治 [M]. 杭州：浙江大学出版社，2007.

第二篇

衡水学院转型发展的探索

第四章　衡水学院转型发展的总体设计

第一节　学校的顶层设计

“顶层设计”一词源于工程领域的系统设计学，本义是在工程领域，从顶层开始，统筹规划考虑项目各层次和各要素，追根溯源，统揽全局，在最高层次上寻求问题的解决之道，以便高效快捷地实现目标；顶层设计在社会科学领域里首次出现，是在2010年10月《中共中央关于制定国民经济和社会发展第十二个五年规划的建议》里。顶层设计一般包含顶层设计理念、设计架构和设计执行三部分。其中设计理念是设计构架的指导，设计构架又是设计执行的依据。顶层设计的核心在顶层，顶层设计核心理念与顶层目标是整个设计之魂，围绕设计之魂构成的总系统与子系统以及各子系统之间的有机衔接整体就是顶层设计的全部。顶层设计从工程领域延伸到教育领域亦是如此，高等教育也不例外。

一、办学定位

办学定位是指学校在一定的社会历史背景下综合分析自身在办学类型、发展目标、办学层次、人才培养、学科发展和办学特色等方面因素的基础上对学校未来发展的战略地位、总体目标和发展方向的选择及规划设定①，主要包括办学类型定位、发展目标定位、办学层次定位、人才培养类型定位等方

① 杨科正．基于发展规划的地方高校办学定位[J]. 西北高教评论，2021（1）：32-43.

面，是一个相对完整的体系，并且在一定时期内是相对稳定的。学校的办学定位体系是学校顶层设计体系的核心理念，厘清办学定位又是研制学校发展规划体系的前提。

在办学实践探索中，地方高校逐渐清楚地认识到自身发展的内外环境，形成转型共识：一是我国产业结构调整、升级，对人才需求提出了新的要求，按照市场需求导向进行办学定位调整成为必然；二是转型是我国高等教育结构优化调整和整体水平提升的需要；三是转型是地方高校自身生存发展的必然选择；四是转型是地方政府办大学的初心使然。地方政府办大学的根本就是让高等教育满足区域内行业企业等领域的科技人才需求。为顺应区域市场需求导向、增强高校自身办学活力，学校在办学方式、治理结构、学科专业体系、人才培养体制机制乃至学校的空间结构、组织方式等方面都需要发生深刻的变革。即办学类型开始由原来的教学型向应用型转型；办学层次由以发展本科生教育为主，转变为适时开展、少量开展或积极开展专业研究生教育；人才培养目标定位由追求高大上的理论型人才转向更加务实的应用型高级专业人才；服务面向基本转为立足地方办大学、服务地方谋发展的办学思路；学科结构主要转向以应用型学科专业为导向的学科体系。

二、衡水学院的顶层设计探索

衡水学院是地方本科院校中较早开始有组织地探索办学顶层设计的学校，从 2004 年升本后即开始进行办学定位探索，截至目前，主要经历了三个阶段。

（一）学校顶层设计探索的第一阶段

2004 年 5 月，学校升本后，与多数新生本科院校一样，衡水学院开始了对顶层设计的探索。这个阶段主要集中在对学校定位、校训和学校办学理念等的探索上。关于办学定位的表述，学校的“十一五”事业发展规划中，在建设合格本科院校的奋斗目标基础上，提出了建设特色鲜明的教学型优秀本科院校的办学目标①。随着实践探索和学界交流，学校在“十二五”事业发展

① 衡水学院“十一五”事业发展规划 [EB/OL]. [2022-09-08].http://gjs.hsnc.edu.cn/info/1152/1199.htm.

规划中则改变了原先教学型院校的提法，改成了将学校建成富有特色的应用型本科院校的目标[①]。关于办学理念，学校根据新建本科院校师生的特点，在经过升本8年的探索后，正式提出了“进步教育”办学理念，并将前期探索的相关成果编辑成书由高等教育出版社在2013年出版[②]，标志着衡水学院办学理念的成熟和确立。关于校训，学校在“十一五”期间确定了“守正出新”的校训，意在“笃守正道，以新制胜”，即守道德之正，守学问之正，守处世之正，守行事之正；提倡述而有作，敢于挑战权威，善于探索新知，正确看待失败，尊重个性发展，逐步建立超越前人的知识体系和技能体系，继承中追求创新，平实中体现新奇。这些顶层设计的探索为学校后续发展奠定了初步的框架和基础，对于升本不久的本科院校来说，实属难能可贵。

（二）学校顶层设计探索的第二阶段

2013年，为全面迎接教育部对普通本科高校教学工作的评估，学校的领导班子在新机遇、新挑战中，再一次对学校顶层设计进行思考。衡水学院通过课题立项研究、校内外专家论证、广泛征求意见等方式，在科学总结办学实践成果的基础上，促进了学校顶层设计的日臻完善，2014年初，形成了包括办学指导思想、教育理念、学校精神、校训、校风、教风、学风、校歌、校徽、办学定位等十个方面在内的学校顶层设计确切的表述与释义。其中，办学定位的总表述为：立足衡水，面向京津冀，服务区域经济社会发展，以应用为导向，以文、理为基础，工、教、经、管、艺等多学科协调发展，培养基层需要的具有创新精神和实践能力的应用型高级专门人才，将学校建成富有特色的应用型本科院校。在这一总表述下，衡水学院又明确了学校发展定位和人才培养目标定位。学校发展定位又从发展目标（富有特色的应用型本科院校）、办学类型（应用型）、办学层次（以本科教育为主，适时开展研究生教育）、人才类型（应用型高级专门人才）、服务面向（立足衡水，面向

① 衡水学院“十二五”事业发展规划 [EB/OL]. [2022-09-08].http://gjs.hsnc.edu.cn/info/1152/1205.htm.

② 李奎良，王守忠 . 进步教育的理论探索与实践：衡水学院特色办学之路 [M]. 北京：高等教育出版社，2013.

京津冀，服务区域经济社会发展）五个方面分别给出了精确定位。

通过对顶层设计的系统思考，学校从根本上强调了蓝图与现实、目标与结果、战略与执行相统一的内在逻辑，并自觉向应用型大学转变，真正开启了顶层设计引领学校发展的新征程。

（三）学校顶层设计探索的第三阶段

衡水学院“十二五”事业发展规划中提出的发展目标后来受到当时地方本科院校转型发展的影响，在“十三五”事业发展规划中，学校根据自身的发展基础，将自身的发展目标改为建设特色鲜明的应用技术大学[①]。这一目标一直沿用至今，没有再进行过表述上的改变。学校在“十四五”事业发展规划研制期间，顺应国家高等教育发展的新趋势，主动适应国家对高等教育内涵式发展的新要求，衡水学院对办学定位进行了又一次的调整，并最终写入了学校的“十四五”事业发展规划中，指引“十四五”时期学校发展前行的方向。

在学校顶层设计探索的第三阶段，学校的发展目标定位从“富有特色的应用型本科院校”调整为“特色鲜明的应用技术大学”；办学类型定位从“教学型”调整为“教学型、应用型”；办学层次定位从“以本科教育为主，适时开展研究生教育”调整为“以本科教育为主，积极发展专业硕士研究生教育”；服务面向定位从“立足衡水，面向京津冀，服务区域经济社会发展”调整为“立足衡水，依托京津冀，面向全国，服务经济社会发展”。本次的定位更加贴近国家的高等教育发展形势和转型发展要求，充分体现了时代性、科学性、前瞻性和应用性。

第二节　学校转型发展的制度设计

衡水学院在2020年底被确立为河北省本科高校转型发展试点高校后，充

① 衡水学院“十三五”事业发展规划 [EB/OL] .[2022-09-08].http：//gjs.hsnc.edu.cn/info/1152/1198.htm.

分开展了思想大讨论，经过反复论证、修订，出台了《衡水学院转型发展实施总体方案》，主要内容如下。

一、指导思想

以习近平新时代中国特色社会主义思想为指导，深入贯彻党的十九大和十九届历次全会精神，贯彻党的教育方针，遵循高等教育发展规律，全面落实立德树人的根本任务，认清新发展阶段，贯彻新发展理念，构建新发展格局，坚持立足衡水、依托京津冀、面向全国、服务区域经济社会发展，以推动高质量发展为主题，以地方性、应用型内涵式发展为主线，以改革创新为根本动力，以社会需求为导向，以人才培养质量为核心，以产教融合、校企合作为发展路径，按照统筹设计、试点先行、重点推进、持续改进、整体提升的转型发展思路，凝心聚力固根基、扬优势、补短板、强弱项，坚持目标引领、试点带动、需求导向、结构优化、资源统筹、开放办学的转型发展原则，促进学生全面发展，为京津冀区域及衡水市重大战略行动计划提供智力支持和人才支撑，实现学校建设特色鲜明的应用技术大学的发展目标。

二、工作目标

按照统筹设计、试点先行、重点推进、持续改进、整体提升的转型发展思路，紧密围绕转型发展工作，综合改革、协同推进，完善制度体系，破解改革难题。通过改革、建设和发展，在学校治理体系改革、人才培养模式创新、“双师双能型”教师队伍建设、学科专业优化调整、课程体系与教学改革、产教融合实习实训基地建设、教学条件保障、教学质量保障体系完善、创新创业教育实施、社会服务能力提升、科研成果转化、文化传承与创新、国际交流合作等方面取得明显成果。转型发展工作以 5 年为建设期，到 2025 年末，基本实现将衡水学院建设成为办学定位明确，治理体系完善、治理能力明显提升，学科专业布局合理，产教多元融合，人才培养模式富有特色，“双师双能型”教师队伍建设成效凸显，应用型、复合型、创新型人才培养质量不断提高，服务地方经济社会发展能力显著增强，以产教融合、校企合作、国际交流为主体的开放办学格局基本形成的高校，为实现建成特色鲜明的应用技术大学的总体目标奠定坚实的基础。

三、重点任务

转型发展的重点任务是牢固把握“提高应用型人才培养质量”这一核心，转观念、抓改革、强建设、调结构、搭平台、破难题。转型发展的主要措施包括实施三项战略、推进七项专项改革。

（一）实施三项战略

1. 特色办学发展战略

加快推进治理体系和治理能力建设，深化适应区域经济社会发展的学校办学特色，将转型发展、特色发展与学校“十四五”事业发展规划有机融合，全面落实立德树人的根本任务，深化“三全育人”。完善学校的内部管理体制和运行机制，健全校、院（系）两级领导和工作机构体系，建立行业企业深度参与的高校治理结构。主动适应京津冀协同发展、雄安新区建设、衡水的定位和产业转型升级等区域经济社会发展的需求，打造特色学科专业结构，创新复合式、应用型、国际化等特色人才培养模式，强化富有衡水特色的质量保障体系的建设和质量文化氛围的培育。

2. 产教融合发展战略

明确建设应用技术大学的转型发展目标，以满足区域经济社会发展的需要、满足行业企业发展的需要、满足学生就业和终身发展的需要为导向，以培养应用型人才为目标，全面推进学校与地方政府、行业企业的合作，建立健全行业企业参与的现代大学制度，全面推进“政产学研用”合作。

结合办学定位、学科特色，加强内涵建设，合理布局学科专业。以新工科、新医科、新农科、新文科建设引领带动专业结构调整优化和内涵提升，坚决淘汰不能适应社会需求变化的专业。深入对接市重点企业、中小微企业，推进学科专业建设与经济社会发展重要领域的深度融合。建设协同创新中心，加强技术创新平台建设、技术集成与创新，积极融入以企业为主体的区域、行业技术创新体系，为区域经济发展贡献力量和人才支撑。通过交流合作，培养学生的国际视野，同时对引进的课程体系、教材和国际职业资格标准进行本土化改造，不断解放思想，激发办学活力，提高办学水平。

3. 区域服务发展战略

供给侧改革要以需求侧为导向，学科专业建设要适应区域经济“转方式、调结构”的需要，建立紧密对接地方产业链的学科专业体系和人才培养体系。坚持“政府主导、社会参与、学校实施”的原则，按照“激发传统专业生命力、扩大重点专业影响力、增强特色专业吸引力”的整体思路，紧紧围绕衡水市经济社会发展战略和“9+5”县域特色产业集群强化专业建设，集中学校优势资源，注重提高特色优势专业聚合效应。按照“以学生为中心、以产出为导向、持续改进”的教育理念，改革应用型人才培养模式，探索新时代以提高实践能力为引领的产教融合、校企合作、协同育人的人才培养模式。

（二）推进七项专项改革

1. 师资队伍建设改革

根据应用型人才培养目标对教师的要求，通过引进、企业挂职和顶岗训练等途径，建设一支专兼结合的“双师型”教师队伍。

2. 办学保障条件改革

用实用好河北省划拨的专项资金，积极争取市财政和企业的支持，同时加大学校的经费投入，加快推进衡水学院滨湖新校区的建设，推进智慧校园建设，加强校内外实践教学条件建设，优化仪器设备资源配置，推进开放实验室、智能实验室、未来实验室、交叉学科实验室建设。

3. 人才培养模式改革

健全基于新高考的招生宣传机制，建立就业创业教育体系，为师生实习实训、创新创业、科技孵化提供综合服务。进一步完善校企合作、协同育人机制，推进专业教育和就业创业教育有机融合。完善本科教学基本状态数据库、专业评估数据库建设，持续开展对学生学业的监测工作，重点加强对学生发展的帮扶工作。强化毕业生就业质量跟踪调研，实施就业质量年报发布制度。

4. 课程体系建设与改革

紧密对接国家专业类标准、行业职业标准、认证标准，建立符合区域经济社会发展需求、以岗位适应能力培养为核心的课程体系和课程标准，突出技术应用和工程技术教育，充分吸纳行业企业参与课程设计与实施，形成对接紧密、特色鲜明、内容先进、动态调整的课程体系。开足开全通识教育课程，加强劳育、体育、美育。强化实践教学体系，推进通识教育与专业教育协同改革，建立与专业融合的创新创业课程体系。

5. 课程教学内容与教学方法建设与改革

大力推进课程思政与思政课程建设，强化课程思政教学改革，加强新时代思政课程建设。所有专业课程做到课程思政全覆盖。大力开发能力本位、产出导向的课程教材。通过教学内容与教学方法改革，实现专业设置与产业需求、课程内容与职业标准、教学过程与生产过程“三对接”。积极引进国际优质课程，实现理论课程小型化，实践课程项目化，推行案例教学、项目教学、工作过程导向教学等。开展以实际应用为导向的实践教学，全面提升学生的岗位适应能力。

6. 实践教学体系建设与改革

遵循教学过程与生产过程对接的原则，加强校企一体、产学研一体的实验室、实习实训基地建设。建立校企一体、产学研一体的大型实验室，搭建符合真实环境的实践教学平台，完善以技术技能实训为核心的实践教学体系。推进产学研协同创新，形成资源共享、人才共有、过程共管的实践与教学联动机制。初步形成政府主导、行业指导、企业参与的办学体制机制，促进校企深度合作，增强学校的办学活力。

7. 教学质量文化建设与改革

以提升人才培养质量为核心，以“以学生为中心、以产出为导向、持续改进”为理念，完善院（系）、专业等的教学质量标准，健全教学质量保障机制。实施校、院（系）等多级督导机制。实施多元评价机制，建立在校生和中长期毕业生跟踪反馈调研机制。开展校企合作、产教融合成效评价，形成对校企合作、产教融合项目进行实时监测、定期检查、周期反馈、持续改进的机制。营造人人参与、人人认同的教学质量文化氛围。

四、组织机构

学校党委高度重视转型发展工作，成立了校、院（系）两级工作组织，加强对学校转型发展试点工作的领导。学校成立了由党委书记和校长任组长的转型发展工作领导小组，全面负责领导转型发展工作。领导小组下设办公室，设立顶层设计组、学科专业建设组等7个转型发展专项工作组。各教学单位成立由党政一把手任组长的转型发展工作组，组织和推动本单位的转型发展工作，形成了领导小组统一领导、专项组具体负责、各单位协调联动的工作运行机制。

第五章　衡水学院学科的转型发展

第一节　学校学科的现状

一、学科的基本内涵

关于“学科”的概念与内涵问题，诸多学者进行了广泛而深入的探讨。柳友荣指出，学科的内涵主要有三层含义：第一层含义是指对学生的训练，尤其是智力和品德方面的规范和训练；第二层含义是指处罚与惩罚；第三层含义是指知识的分类[①]。胡建华指出，学科的基本内涵主要有三个层面：一是研究者视角下的学科，指学问的分支、知识的创造；二是教育者视角下的学科，指教学的科目、知识的传播；三是管理者视角下的学科，指规训与制度化、知识的社会建制[②]。在《现代汉语词典》中，学科的含义也有三种：一是按照学问的性质而划分的门类，如自然科学中的物理学、化学；二是学校教学的科目，如语文、数学；三是军事训练或体育训练中的各种知识性的科目（区别于“术科”）[③]。

总体来看，学科的概念可主要从三个层面来理解：第一，主要指知识领域的分类。人类的一切活动首先产生的是直接的感性体验，在此基础上形成

① 柳友荣 . 学科建设：新建本科院校持续发展的瓶颈 [J]. 北京教育（高教版），2008（4）：9-10.

② 胡建华，王建华，蒋凯，等 .“双一流”建设与高校学科发展 [M]. 南京：南京师范大学出版社，2021.

③ 中国社会科学院语言研究所词典编辑室 . 现代汉语词典 [M].7 版 . 北京：商务印书馆，2016.

的认识，进行的思考、归纳、总结，上升为知识，经过实际运用、校正、验证后跃升为科学层面的知识体系。为了满足人类认识和研究的需要，根据某些特征，将整体的知识体系划分为不同的学科，即不同的学问分支。第二，指教学的科目。为便于知识的传授，将知识体系划分为不同的相对独立的单元，例如按照国家义务教育、中等职业教育、高等教育等的要求在教学活动中开设的语文、数学等基础课程及其他专业课程等。第三，指规训与知识的社会建制，指在知识的生产、传授过程中，通过意识形态的影响、价值观的构建与意义的阐释，实现一种知识的社会建制，即既要生产与传授最佳的知识，又要建立一个权力结构，以达到这些知识被学习者有效地内化并控制学习者的目的①。

严格意义上的大学学科出现于中世纪的欧洲，意大利的波隆那大学开设了医学、法学和神学等学科②。现今高等院校的学科主要指学术的分类，即按照学科的性质划分的门类，学科一方面起着目录性的指导作用，规定着人们探索的范围，另一方面又作为一种制度起着规范的作用。

二、学校的学科布局与结构

（一）学科体系

衡水学院目前拥有文学、理学、工学、教育学、经济学、管理学、艺术学、法学、农学等 9 个学科门类，基本形成了以文、理为基础的多学科发展体系。以应用型人才培养、服务地方经济社会发展为导引，基本确立了以应用型学科为主体，学科方向应用价值较强、规模适度、体系结构合理、特色优势显著的学科体系。围绕衡水市“3+2”主导产业和“9+5”特色产业集群，优先培育数学与计算机应用技术、资源与环境、生物与医药等优势学科；加强健康产业、智能制造等与新兴产业相关的交叉学科、新兴学科的建设；重

① [美]华勒斯坦，等.学科·知识·权力[M].刘健芝，等编译.北京：生活·读书·新知三联书店，1999.

② 谢欧.合并高校学科整合问题与对策研究：以西南大学为个案研究[D].重庆：西南大学，2008.

点建设与董学、衡水湖湿地等相关的学科群。

（二）重点特色学科

衡水学院以3个省级重点发展学科（见表1）、12个校级重点学科（见表2）、30个校内非实体性研究机构和创新团队为基础，积极与省内外高校、科研院所、行业企业等协同创新，牵头组建协同创新中心、技术创新中心和人文社科重点研究基地等12个省级科研平台，深化与各方优势创新资源的融合，以自主创新为基础、以协同创新为助力，持续提升学科建设能力，培育学科建设梯队。在师范教育、微生物学、农产品加工与贮藏、董学研究等领域基本形成特色化学科体系。

表1　衡水学院省级重点发展学科列表

<table>
<tr><th>序号</th><th>所在单位</th><th>学科名称</th><th>研究方向</th></tr>
<tr><td rowspan="3">1</td><td rowspan="3">生命科学学院</td><td rowspan="3">微生物</td><td>微生物资源开发与生物防控</td></tr>
<tr><td>微生物发酵食品</td></tr>
<tr><td>微生物降解功能基因的发掘及分子机制研究</td></tr>
<tr><td rowspan="3">2</td><td rowspan="3">经管学院</td><td rowspan="3">管理科学与工程</td><td>高等教育管理评价</td></tr>
<tr><td>信息管理与电子商务</td></tr>
<tr><td>管理决策与人力资源管理</td></tr>
<tr><td rowspan="4">3</td><td rowspan="4">化工学院</td><td rowspan="4">分析化学</td><td>药物分离与分析</td></tr>
<tr><td>天然产物提取分析与应用</td></tr>
<tr><td>功能材料制备与表征</td></tr>
<tr><td>土壤污染物检测与治理</td></tr>
</table>

表2　衡水学院校级重点学科列表

<table>
<tr><th>序号</th><th>所在单位</th><th>学科名称</th><th>研究方向</th></tr>
<tr><td rowspan="8">1</td><td rowspan="8">生命科学学院</td><td rowspan="2">遗传学</td><td>植物遗传资源改良和种质创新</td></tr>
<tr><td>植物遗传多样性保护和利用</td></tr>
<tr><td rowspan="3">生态学</td><td>湿地生态学</td></tr>
<tr><td>植物生态学</td></tr>
<tr><td>生态监测与评价</td></tr>
<tr><td rowspan="3">发酵工程</td><td>酵素工程</td></tr>
<tr><td>发酵中药工程</td></tr>
<tr><td>生防菌剂研究</td></tr>
</table>

（续表）

序号	所在单位	学科名称	研究方向
1	生命科学学院	动物学	动物分类
			动物养殖
2	美术学院	动画	二维动画
			数字方向
			影视方向
		设计学	产品设计
			视觉传达设计
			环境设计
3	数学与计算机学院	计算机应用技术	计算机科学与技术
			物联网工程
			网络信息安全
			智能科学与技术
		数学	应用数学
			数学教育
4	化工学院	应用化学	无机纳米粒子性能研究
			精细化工与功能高分子材料
5	董子学院	历史学	先秦两汉思想研究
			董学研究
6	体育学院	体育教育训练学	个性化健康检测评估
			运动康复与健康
7	外语学院	外国语言文学	中国文化外译
			专门用途英语
			应用语言学

三、学校学科结构的调整

衡水学院按照建设特色鲜明的应用技术大学的发展目标定位，对接京津冀、地方区域经济社会发展需求，坚持特色一流和内涵建设，围绕特色学科领域方向和地方产业转型升级战略，对原有的校级重点学科进行了考核、重新申报和遴选。经过调整，学校现有专业硕士点培育学科 3 个；省级重点建设学科 3 个，学科带头人及学科方向带头人 11 人；校级重点建设学科 12 个，学科带头人及学科方向带头人 29 人；非实体性研究机构 30 个。在学科建设的顶层设计层面，基本形成了以文、理基础学科为支撑，应用型学科为重点，多学科协调发展的学科体系。在应用型学科体系建设方面，构建了密切对接社会需求、学科有机交叉融合、布局合理的专业结构体系。目前，学校共有 63 个本科专业（含 3 个中外合作办学专业、13 个师范类专业），其中，工学类专业 13 个，艺术学类专业 15 个，理学类、文学类专业各 9 个，管理学类专业 7 个，教育学类专业 5 个，法学类专业 3 个，经济学类、农学类专业各 1 个。

第二节　学校学科的转型发展策略

学校的学科建设虽然取得了一定成绩，但是，由于学校的本科发展历程较短、学科建设起步较晚，在思想认识与客观条件等方面存在诸多限制，导致学科建设中仍存在一些问题，如学科建设意识淡薄、学科发展与社会需求脱节、学科规划不足、学科基础与建设条件落后、管理机制与保障措施不健全等，这些问题需要引起重视并亟待解决。为此，学校出台了学科建设规划，明确了学科建设的思路，即以社会需求为导向，发挥学科建设优势，紧密对接区域产业链，改造传统专业，积极发展新兴专业，打造特色优势专业，推进专业结构调整和内涵提升。主动面向新一代信息技术等关键技术领域、人工智能等前沿交叉领域、现代农业与现代服务业等重大民生领域，进行专业设置，推动学校学科的转型发展。

一、坚持非均衡发展战略，构建特色化学科体系

学校坚持错位发展，遵循“有所为、有所不为”的非均衡发展战略，坚持以应用型人才培养、服务地方经济社会发展为导引，确立应用型的学科建设方向，按照学校的整体定位和发展战略目标，做好学科建设规划，重视学科体系构建。学科体系的构建依据学科特色和优势、社会需要等方面综合考虑、分类发展，设置校级重点学科（或重点发展学科、重点建设学科、一流学科）、一般学科等学科类别。重点扶持某个或某几个特色化学科，在资源配

置、建设目标等方面采取差别化策略，以实现不同学科的不同程度发展，从而形成一个有结构层次的学科群。重点学科一般遴选学校的优势学科、具有地方特色的学科。一般来讲，需要重点建设的学科一是与其他院校，特别是与同类院校相比，具有较大比较优势的学科，再就是与地方紧密结合的地方特色学科，这些学科与地方发展的关联度高，往往拥有可持续发展的需求驱动，且容易成为扶持地方发展的特色化学科。

二、加强学科队伍建设，夯实学科内在根基

教师是学科建设与发展的主体和中坚力量，学科的特色化建设、学术水平的提升都需要高素质的学科队伍作保障。

首先，着力培养、引进学科带头人和学科骨干。学科带头人是学科建设的领军人物，学科骨干是进行学科建设的骨干力量。缺少学科带头人、学科骨干的参与，学科发展就难以为继。在这种情况下，学校实施名师战略，以重点学科、优势学科为指引，加快学科队伍建设，重点培养具有学科带头人、学术带头人潜质的中青年教师，鼓励教师以提高学历、提升科研能力为目标在职攻读博士学位；借用其他高校的师资队伍建设经验，采取特殊优惠政策，引进在学科领域内具有较大影响的学科带头人，营造吸引人才、稳定人才的良好环境，争取做到“引得来、稳得住、用得好”，最大限度地开发人才、引进人才、用好人才。

其次，持续建设在年龄、学历、学位、研究方向等方面结构合理的学科梯队。学科梯队是关系到学科能否持续发展的重要基础。按照其他学校的建设经验及相关学者的研究，学科梯队中要确保每个研究方向内有一位在本学科领域内学术水平高、影响大的教授作为学科带头人，一到三位在本学科领域内学术地位较高的、具有高级专业技术职称或博士学位的学者作为学科骨干，以及其他具有一定学历、学位的学科队伍成员。

三、加强自主创新和协同创新，提升学科建设能力

学科建设能力是学科得以持续健康发展的关键问题。科技创新能力是学科建设能力的重要体现。科技创新一方面依靠学校的自主创新，同时需要通过联合其他企事业单位、科研院所等开展协同创新。其中，自主创新主要依靠学校的学科团队及其自身的科研基础和研发能力，立足区域特色的人文与自然资源，以解决区域经济社会发展中的难点和热点问题为重点，逐步形成具有地方特色、比较优势的学科和学科群，提升学科建设水平。

在学校自主创新基础上，联合企业、科研院所、其他高校、政府等单位，以“不为我所有，但为我所用”为原则，充分利用其优势资源，双方或多方协同建构横向或网状的学术组织结构，充分发挥学术组织在集聚、整合校内外学术资源等方面的优势，协同创新，提高学科建设能力。

四、坚持学术研究与学科方向高度契合，形成学科优势

在学科建设过程中，学校坚持学术研究与学科方向的高度契合，进一步强化科学研究的组织性，强化各学科团队的责任落实，在学科发展规划和科技创新专项规划中，学校以学科方向为目标，以区域战略需求为导向，以学科优势为基础，明确主要任务和战略目标，加大对国家级、省部级重大科研项目和标志性学术成果的培育力度，确保学术成果与学科方向的高契合度，形成学科优势。

五、持续完善学科管理制度体系，营造良好的学术环境

一所高校的生产力一般是由科学、技术、知识和人才等要素构成，这些要素通常具有较强的流动性和导向性，要流动到最有利于它们发挥最大效益的环境中去①。因此，学校的学科建设营造亟须良好的制度环境，才能最大程度引导学校的有限资源充分发挥合力效应，激发行政管理者、教师等与学科

① 郭书剑，王建华．论一流学科的制度建设 [J]. 高校教育管理，2017（2）：34-40.

密切相关的众多利益相关者投入学科建设的积极性，充分释放他们参与教学和研究、服务社会的持续活力，为学科建设注入内部能量。

在学科建设过程中，学校充分发挥制度环境的约束作用，持续完善学校的相关管理制度和规范，如日常管理制度、人才管理制度、科研管理制度、激励制度、目标责任管理制度等，以确保学科建设各项工作的顺利推进。其中，日常管理制度保证了各学科正常的工作秩序；人才管理制度主要在对学科带头人、学术带头人等学科人才进行遴选、考核、培养等方面进行管理；科研管理制度主要在科研项目的申报、中期检查、结项验收、成果转化与经费使用等方面进行管理；激励与目标责任管理制度主要在对重点学科的遴选、中期检查、终期考核、奖惩等方面进行管理。

制度环境还包括管理规范下衍生的制度文化。制度一旦形成，在付诸实践的过程中，或被采纳和包容，或被摒弃，无论面临怎样的结果，都将在人们的观念中萌发相应的制度文化。科学、合理、适用的管理制度体系将逐渐被人们认同。制度认同是学科建设制度得以实施的基础，有利于促进学科建设主体达成落实学科建设规划、执行学科建设方案的共识①。学校着力营造良好的学术环境，以学术为本，提高并发挥学术权力和民主权利的地位和功能，进行学科建设。积极开展与学科建设相关的学术交流、学术研讨等各级各类科研活动，积极调研企事业单位的科研需求，深入开展联合攻关，营造并形成良好的学术氛围。

① 李艳，张湘韵．论“双一流”建设背景下西部地方高校学科建设之路 [J]. 山东高等教育，2019（3）：15-24.

第六章　衡水学院专业的转型发展

第一节　学校专业的现状

学校落实立德树人的根本任务，遵循教育教学规律和人才成长规律，始终坚持“以学生为中心、以产出为导向、持续改进”的教育理念，围绕人才培养目标的定位，以专业建设为重点，紧密对接区域发展需求，培养更多的基础扎实、知识面宽、专业能力强、综合素质高的应用型人才。

一、专业设置与结构

（一）专业结构不断优化，专业集群建设持续推进

学校以区域经济社会需求为导向，大力推进学科专业交叉融合，专业布局更加合理。学校现有本科专业 63 个，其中，有工学类专业 13 个，艺术学类专业 15 个，理学类、文学类专业各 9 个，管理学类专业 7 个，教育学类专业 5 个，法学类专业 3 个，经济学类、农学类专业各 1 个，形成了以文学、理学为基础，工学、管理学、经济学、教育学、法学、农学、艺术学等协调发展的专业结构与布局。

学校强化学科专业集群对接产业集群，分类建设了五大专业集群，涉及环境与大健康类、工学与人工智能类、贸易物流与管理类、文化与艺术类、教师教育类。依托对接行业的专业群建设等系列成果，衡水学院被确定为河北省第二批转型发展试点院校。学校共有 3 个省级重点发展学科、16 个省级

一流专业建设点、1 个省级综合改革试点专业，20 个校级一流专业建设点，26 个优势特色专业，分层次、分类型持续加强专业建设。

（二）教育教学改革深入，专业教学质量稳步提升

学校深入开展教育教学改革研究，大力推进新时代振兴本科教学质量建设。追踪高等教育改革发展热点，对人才培养模式、专业建设、课程体系与教学内容、教学方法、教材建设、实践教学及教学管理运行模式等方面进行深入研究。“十三五”以来，学校获批河北省学分制收费改革试点单位，获批省级一流课程系列建设项目 7 项、省级教学改革研究系列项目 50 项、教育部产学研合作项目 29 项，有省级优秀教学团队 4 个、省级教学名师 4 人，累计获批省级实验教学示范中心 3 个、省级大学生实践教育基地 2 个、省级教学成果奖 14 项。

（三）资源整合力度提升，专业教学条件明显改善

学校加快推进现有资源的整合重组和优化配置，加大对教学基本条件的投入力度，学校的专业教学条件得到较大改善。学校建有校内实验中心 14 个，包含 422 个实验分室，教学仪器设备总价值约 1.93 亿元，实验室实训场所总面积约 7.96 万平方米。学校图书馆馆藏纸质图书 152.97 万册，电子图书 333.7 万册。在衡水市委、市政府的大力支持下，建筑面积约 74.38 万平方米的衡水学院滨湖新校区将进一步提升衡水学院的办学条件。

二、专业建设与转型发展要求之间存在差距

（一）转型发展对专业建设的要求

根据《中国教育现代化 2035》和《指导意见》的精神，河北省教育厅等部门出台了《河北省本科高校转型发展试点工作实施方案》等相关文件，要求以服务地方和区域产业转型升级、技术进步与社会管理创新的需求为导向，以培养应用技术型人才为主要目标，以校企合作、产教融合为主要路径，按

照“试点先行”的原则，鼓励和引导一批普通本科高校向应用技术型高校转型发展，为其他本科院校提供可借鉴、可复制的“转型样板”，并通过示范引领，带动区域经济和人才发展，探索出一条具有特色的应用技术型学校发展道路。当前，河北省第三产业的发展速度超过了第一、二产业，就业人员继而出现从第一、二产业向第三产业转移的趋势，市场供求基本平衡。贸易、批发零售、信息技术、教育等行业对人才的需求较旺。人才市场上对应用型、复合式人才的需求更为突出。新时期的国家创新驱动发展、“中国制造 2025”、京津冀协同发展、雄安新区建设等国家重大战略和“一带一路”倡议，衡水市“3+2”市域主导产业和“9+5”县域特色产业集群建设等，拓展了学校专业建设与人才培养的新空间。此外，教育强国战略、“双一流”建设、“新高考”改革等，也为学校专业的转型发展带来了新机遇。

总之，新时代的高等教育从注重数量转变为注重质量，对学校的专业建设、人才培养等提出了更高层次的要求，学校专业的转型发展势在必行。

（二）专业建设存在的不足

1. 专业发展不平衡，优势和特色不够突出，专业建设定位趋同

学校依托师范类专业的根基，以文、理专业为主，专业布局尚需对接区域行业需求进一步优化调整。专业间发展不均衡，艺术类专业占比过高，省级优势专业数量较少，国家级专业尚未取得突破。专业的办学开放度、校企合作深度尚需进一步提升，专业自身服务行业及地方经济发展的能力需进一步加强。与战略性新兴产业密切相关的复合型专业不多、学科建设和专业建设的关联度不够，学校重点建设学科所涵盖的本科专业不强，学科优势尚未转化为专业特色。

2. 产教融合深度不够

产教融合尚存在政策瓶颈，缺乏对“产教融合、协同育人”机制的系统性、理论性研究和人才培养改革实践，校企协同育人等人才培养模式的改革不够深入，与地方重点产业的需求契合度不高，服务区域经济社会发展的作用发挥得不够，虎头蛇尾的现象普遍存在，办学活力尚未完全激发。

3. 内涵式教学建设的推进力度与改革成果的数量、质量有待进一步提高

应用型人才培养模式的改革还不够深入，育人路径有待进一步探索，各类教学建设与改革的层次水平有待提高，特别是在国家级教学成果奖、一流专业建设等方面尚需突破。专业建设与行业需求衔接不畅，现有的教学培养计划、教学实施条件、教学手段及方法等还难以较好地满足行业的实际需要，可持续发展能力不足，不能完全满足行业对应用型人才的需求。

第二节　学校专业的转型发展策略

衡水学院坚持以教学为中心，就业为引导，围绕国家发展战略，紧扣河北省经济社会发展的脉搏，积极拓宽重点领域的就业渠道，坚持应用技术大学的办学定位，鼓励毕业生到新兴领域和基层就业，“十四五”期间，将应用型学科专业布局与转型发展工作相结合，在人才培养质量、专业和经济社会发展的契合度上下功夫、做文章，以转型发展为契机，强力进行学校专业结构的调整，促进学校专业的转型发展。

一、学校专业的转型发展思路

（一）统筹规划

“十四五”期间，衡水学院将继续深化落实立德树人的根本任务，以专业思政为引领，课程思政为抓手，全面贯彻落实“三全育人”；坚持走内涵式发展道路，稳定规模、优化结构、提升质量；坚持教学优先，不断完善产教融合、校企合作、协同育人的应用型人才培养模式。紧紧围绕国家人才紧缺行业发展、地方经济社会发展的需要，建立一批具有地方特色的专业，优化学科布局，推进专业与社区、企业、行业等对接，加强专业的交叉融合，以“新工科、新农科、新医科、新文科”建设为抓手，瞄准人工智能、量子信息、集成电路、生物科技等前沿应用领域，建设一批具有前瞻性的专业，建

立紧密对接产业链、创新链、人才链的学科专业体系。

（二）明确导向

紧紧围绕国家创新驱动发展、乡村振兴、“中国制造2025”、京津冀协同发展及雄安新区建设等国家重大战略和“一带一路”倡议，依托京津冀区域行业产业升级、新时代全面建设经济强市美丽衡水等对学校专业建设提出的新任务、新需要，充分考虑政策导向、招生志愿填报情况、用人单位和第三方评价、学校就业率统计等外部因素，结合师资队伍建设情况、办学条件、办学质量、管理水平等内部因素，建立科学的关于人才的“需求—招生—培养—就业”联动预警和专业动态调整机制。

（三）突出特色

进一步优化专业结构布局，坚持特色培养，错位发展，注重学科交叉，打破专业壁垒，发挥跨学科专业集群的优势，促进教学质量及办学水平的全面提高。通过对专业课程内容的整合、实习实训项目的建设等，强化专业方向根据经济发展需要进行动态调整与模块化的设置思路，努力形成与行业、地方发展相适应的人才培养体系，彰显学校的办学特色。

（四）重在革新

注重专业内涵建设，从培养目标、毕业要求、课程体系、教学内容、教学管理、教学方法和手段、考核方式及达成度评价等方面进行整体改革与创新，以培养具有良好的道德品质、丰富的文化知识、强健的体魄、健全的人格，具有一定政治基础，掌握新技术，具有较强的实践能力和创新意识的人才为目标，进行全面的专业建设改革与创新，激发专业自我革新、闭环成长的办学活力。

（五）充分发挥教学工作委员会的作用

充分发挥学校教学工作委员会在专业设置、建设和评估中的作用，对专业建设实行统筹规划，统一指导、集体决策，有计划、有目标地进行专业建设。从专业教学需求、教师发展等层面整合各类资源，充分调动全校教职员工的积极性。加强哲学社会科学专业建设，稳步推进基础学科专业持续发展，大力推进应用型学科专业建设。

二、学校专业的转型发展措施

（一）强化需求导向，提升专业建设水平

“十四五”期间，以社会需求为导向，发挥学科建设优势，紧密对接区域产业链，改造传统专业，积极发展新兴专业，学校将按照“稳定、改造、交叉、提升”的原则，依据“重点发展、优先发展、竞争发展”的思路分类规划，构建以师范类专业为根基，以文、理为基础，以应用型学科专业为特色，多学科相互交融、自我革新、持续优化的良性专业发展体系。

1. 加强专业内涵建设

着力打造应用型特色专业，使专业发展规划和地方经济社会发展的需求更加紧密地结合。通过跟踪学生就业、产业需求科学调整专业，形成学校、行业企业和社会等共同推进落实专业发展规划机制；完善专业设置论证机制，完善行业企业深入参与的专业建设指导委员会，推进应用型专业建设，灵活设置专业方向，建立行业企业和用人单位专家参与的专业设置论证评议制度，形成根据社会需求、学校能力和行业发展设置新专业的机制；深化专业综合改革和一流本科专业建设，明确专业培养目标和建设重点，大力开展教学团队建设工作；保持和巩固五大专业群的优势，培育一批优势明显的特色专业，形成一批特色鲜明的示范专业。

2. 打造特色专业集群

以京津冀区域和衡水市行业产业需求为导向，加快发展京津冀区域和衡水市新兴产业的专业集群，按照产业链、创新链和人才供给相协调建立专业集群体系，紧紧追踪行业的先进技术及其对应用型人才的需求，深入对接产业发展方向、技术发展趋势、行业发展新业态，构建适应应用型人才培养需求的课程内容、教学手段、教学实践等教学体系；依据区域社会发展进程，

灵活设置专业，科学设计人才培养目标和规格，形成与区域及衡水经济社会协调发展的专业结构。

3. 发挥学科的引领作用

系统梳理学校现设本科专业与学科间的关系。建立紧密对接产业链、创新链的应用型学科体系。进一步明确学科方向、凸显特色，建立与地方主导产业、战略性新兴产业、现代服务业高度契合的应用型学科体系。围绕行业和地方经济社会发展需求，以各级重点学科为依托，通过与科研机构、企业、行业协会、产业集聚区的合作，探索具有不同学科特点的政产学研合作模式和联合培养高素质应用型人才的新途径。积极申报专业硕士点，提升学科建设对应用型专业建设的引领和支撑作用。

4. 深入推进专业认证

深入落实《衡水学院关于大力推进专业认证工作的实施意见（试行）》等专业评估与认证文件，参照专业评估体系标准，完成师范类人才培养方案修订工作，启动修订工科类（工程教育类）、其他类专业人才培养方案。全面推进新工科、新文科、新农科等建设与改革，到“十四五”末启动5—8个，甚至更多专业的认证工作。

（二）创新人才培养模式

1. 深化人才培养模式改革

以课程改革为重点，进一步深化学校省级一流本科专业建设点和省级专业综合改革试点等改革成果，着力推进“职业能力需求导向”的人才培养模式改革，强化校企合作办学、合作共建专业，实现专业链与产业链、课程内容与职业标准、教学过程与生产过程对接。强化实验、实训、实习等实践教学环节，实施以学生为中心的启发式、合作式、参与式教学，确保实践学时（学分）占专业教学总学时（学分）的比例达到30%以上，并不断完善实践教学质量保障机制。探索实施专业大类招生，扩大学生的专业和课程选择自主权，形成适应行业、地方需求的应用型人才培养模式。

2. 修订应用型人才培养方案

启动新一轮本科专业大类和专业应用型人才培养方案的修订工作。以市场需求、职业需要为核心，以能力培养为主题，以优化实践体系为主线，科学制订符合应用型人才成长特点的培养方案，突出以学生为中心，强调专业大类基础和深化专业特色。不断更新教育教学观念，坚定推进学分制和大类招生改革，制订多样化的人才培养方案。按照“夯实基础、拓宽口径、因材施教、分流培养”的原则，形成以通识为基础，以学科、专业为支撑，校企实践实训一体化的培养体系。重点进行课程整合，强化实践教学项目，培养学生的创新创业能力。对课程体系、教学内容、培养方式实行深入改革，切实做好应用型人才培养工作。

3. 深化课程体系改革

以培养学生的实践能力和创新精神为重点，以产业技术进步为驱动，深化课程体系改革。按照行业企业需要和岗位职业资格标准设计课程体系，重点设计基于能力培养的应用型课程模块，以教学方法、课程考核评价方法的革新为突破口，把行业企业项目作为人才培养的载体，把行业企业前沿需求作为毕业设计选题来源，全面推行案例教学、项目教学。将现代信息技术全面融入教学改革，推动信息化教学，通过校校合作、校企合作开发各类课程。改革各类课程评价方法，提高学生自主学习的积极性、培养学生的实践能力和创新精神。建成一批有特色的校级专业课程，实现基础课程精品化、专业课程特色化的建设目标。

4. 加强实践教学资源建设

根据专业培养目标全面升级校内外实践教学项目。加强工程实践中心和实习实训基地建设，鼓励二级学院建立校企一体、产学研一体的大型实验实习实训中心，构建符合真实生产、技术服务和流程的技术技能体系与实验实习实训环境。

专门成立校院二级实践教学（含实验室）工作指导委员会，指导整合现有实践教学资源（含实验室资源）。加强教学仪器设备费用投入，建立跨学科专业的功能型和产业型校级实验管理中心。加强对实验技术人员的培训、考核和管理，建立实验技术人员的考核机制。加强与相关企事业单位和高新技术产业相关基地的横向联系，到“十四五”末，建立校外实习实训基地 250 个，满足学校实践教学工作的需要。

5. 深化实践教学特色

优化实践教学体系，推进综合性、工程性的创新型实践教学的内涵建设和特色改革。把企业项目作为应用型人才培养的重要载体，将实验室延伸到企业，把实验室“搬”到企业，以项目驱动教学，紧密对接行业企业生产一线实际，不断深化实践教学改革。不断丰富毕业论文（设计）类型，把行业一线真实案例、实际项目等列为毕业设计的选择类型，强化创新性和实用性。改革考试方式方法，探索建立促进学生实践能力和综合素质提高的评价方式。各个专业根据应用型人才培养目标，加强校企深度合作，力求在课程合作开发、校企师资培训、技术技能实训项目、科技成果研发与转化、学科竞赛等领域办出特色，办出水平。

6. 推进创新创业教育

以创新教育为基础，以创业教育为载体，将创新创业教育融入人才培养全过程，将专业教育和创业教育有机结合，不断完善学校的创新创业教育体系。建设创新创业教育通识课程群，开展与专业相关的创新创业教育基础课程。完善校内制度，依托校内协同、校校协同、校企协同开展创新创业教育教学团队、平台和课程建设。不断加大对创新创业教育的投入，为创新创业教育稳步、持续推进提供保障。

7. 健全人才培养评价体系

健全应用型本科人才的培养评价机制，科学设置包括应用型人才知识结构、人文素质、学生应用或创新能力等方面的评价内容。与企业共同建立评价平台，将教师推进校企、地方合作所做的工作纳入教师评估体系。加强毕业生评价机制，引进社会第三方机构开展基于产教融合效能的评价监测，将评价结果作为绩效考核、经费投入、项目试点、表彰激励等的重要依据。

8. 开展高层次的国际交流与合作

主动服务国家的国际化战略，加快培养具有国际视野的人才。充分借鉴衡水学院乌克兰柴可夫斯基国际音乐艺术学院的成功筹建经验，积极探索国际合作人才培养的新模式，扩大与国外大学合作的规模，拓展合作专业的数量，将一流应用型本科教育国际化作为重要内容，通过交换和联合培养等方式，开展“3+1”“4+0”等合作项目，探索与国外著名大学开展本硕或本硕博贯通式的培养模式，不断扩大本科生出国留学人数，让更多的在校生能实现学习经历的国际化，努力培养具有全球视野以及跨文化交流能力的应用型高级专门人才。

（三）提高人才培养质量

1. 加强制度建设，提升质量意识

坚定实施“质量强校”战略，牢固树立质量至上意识。不断完善教育教学质量保障体系。健全专业标准、课程标准、教学环节质量标准等，在全校范围内形成质量意识，打造质量文化。要高度重视基本状态数据和高基报表信息反馈。将教学管理规章制度建设与质量文化建设相结合，在高等教育“五个度”质量标准框架下，对教育教学实施全程质量管理，确保教学管理的规范化和教学质量的稳步提高，并形成专业发展自我评估制度、教学质量自我反馈改进机制。

2. 通过制度创新，激发学生的专业认同

深化学分制改革。推进以完全学分制为核心的教学管理改革，以实施大类招生为契机，鼓励学生根据自己的兴趣、专长与就业志向，进行专业与专业方向的有序选择，支持学有余力的学生跨学科、专业修读课程，辅修第二专业或修读第二学位。建立与完全学分制相适应的毕业和学位授予制度，实行弹性学制。通过制度创新，激发大学生的学习兴趣和潜能，从而提高学生的专业认同。

3. 推进教学信息化建设，助力专业融合

推进优质教学资源共建共享，加快数字化与教学的融合。推进数字化校园建设，全面实现教学、科研、管理、服务和文化建设的网络化、信息化和数字化，充分利用信息技术加速实现各种优质教育资源的集成共享。加强网上教学平台和教学资源库建设，完善数字化教学支持、使用、评价等服务系统，促进信息技术与教学的深度融合，推进基于“互联网 +”的人才培养模式和教学内容、教学方法的改革，分学科专业大类建设满足学生自主学习需要、提供全方位学习支持和服务的网上教学平台和教学资源库。重点加强对学科基础课等核心课程的开发力度，力争实现本校在国家级精品共享课程资源方面零的突破。

4. 合理布局学科专业，打造特色专业集群

适应京津冀区域经济社会发展需要，结合办学定位、学科特色，加强内涵建设，合理布局学科专业。以新工科、新医科、新农科、新文科等的建设引领带动专业结构调整优化和内涵提升，坚决淘汰不能适应社会需求发展变化的专业。重点加强环境与大健康类、工学与人工智能与制造类、文化与艺术类、教师教育类、贸易物流与管理类等专业的集群建设，提高优势特色专业的集中度，推动教育资源向服务区域主导产业和特色产业的专业集群汇聚。深入对接市重点企业、中小微企业，推进学科专业建设与经济社会发展重要领域的深度融合。建立行业、用人单位等的专家参与的校内专业设置评议制度，建成根据区域经济社会对人才的需求、学校实际以及国家与行业标准科学设置新专业的机制。

5. 供给侧改革以需求侧为导向，建立专业调整长效机制

学科专业建设要适应区域经济转方式、调结构的需要，建立紧密对接地方产业链的学科专业体系和人才培养体系。牢牢把握京津冀协同发展及地方产业转型升级的契机，坚持政府主导、学校主体、社会参与的原则，按照激发传统专业生命力、扩大重点专业影响力、增强特色专业吸引力的整体思路，建立行业和企事业单位专家共同参与的专业发展评议制度，探索建立专业随产业发展动态调整的长效机制。

6. 紧贴地方需求，提升专业内涵建设

紧紧围绕衡水市的主导和特色产业，强化专业建设，增改新老专业，尝试设立具有前沿性、探索性、学科交叉性的“未来专业”，形成特色专业集群，示范、引领和带动学校转型发展。集中学校优势资源，建设有办学基础、社会需求、就业前景的专业（集群），注重提高特色优势专业聚合效应，提升专业（集群）服务经济社会发展的贡献度和学科专业竞争力。

第七章　衡水学院人才培养的转型发展

第一节　学校人才培养的现状

学校围绕应用型本科高校转型发展的任务要求，以人才培养质量为目标，坚持以学生为中心，落实五育并举，融入创新创业元素，全面修订应用型人才培养方案，培养高素质应用型高级专门人才。

人才培养方案是学校实现人才培养目标、开展人才培养工作的总体设计和实施方案，是学校组织开展教学活动的主要依据和保证人才培养质量的纲领性文件[①]。为推动建设特色鲜明的应用技术大学，服务区域经济社会发展，构建以能力培养为主线、以实践教学为重点的人才培养模式，学校积极组织开展了对人才培养方案的修订工作，本次修订的亮点主要体现在以下几个方面。

一、培养目标定位明确

经过广泛调研和论证，学校将培养目标定位为培养适于区域经济社会发展需求，德智体美劳全面发展的、具有高尚的社会主义道德观和高度的社会责任感，具有专业知识和技能、实践能力、创新精神、创业能力，具有较强适应性和竞争力的高素质应用型专门人才（学校给出的培养规格分解表如表3所示）。要求各专业结合学校办学定位和专业特点，参考本专业人才培养主要

① 王泳涛，杨曦．高校修订人才培养方案的现状透视与提升路径 [J]. 教育理论与实践，2021（9）：3-6.

面向的行业职业标准和要求，提出更具体的符合专业特点的人才培养规格。

表 3　培养规格分解表

规格要求	分解细化	要达到的要求
素质结构	思想政治素质	坚持社会主义核心价值观；了解党和国家的路线、方针、政策；树立正确的世界观、人生观和价值观；具备遵纪守法、理想坚定、创新实干的品质
	业务素质	具备良好的职业道德、专业品质和敬业精神，具有强烈的事业心和责任感，具有现代职场观念，尊重自己和他人的劳动成果；诚实守信，团结协作，忠于职守，严于律己
	文化素质	具有较好的传统文化素养和科学素养、一定的国际视野和与时俱进的现代意识，具备一定的文学、艺术修养
	身心素质	具有健康的体魄、健全的人格和良好的心理素质。
知识结构	通识性知识	掌握必要的外语、计算机与信息技术、文献检索知识；具备一定的哲学、历史学、政治学、心理学等人文社会科学方面的知识；具备必要的数学、物理、化学等自然科学方面的知识
	专业知识	系统掌握本专业的基本理论、基本知识
	职业知识	了解相关职业法规，掌握相关职业的基本理论和基本知识
能力结构	基础能力	掌握专业的基本能力，主要包括自主学习能力、信息搜集和分析能力、知识运用能力、表达与沟通能力和一定的写作与研究能力等
	专业核心能力	具备履行相应职业岗位职责的能力
	综合拓展能力	具备一定的创新创业能力、社会适应能力、团队合作能力、终身学习能力

学校坚持“以学生为中心、以产出为导向、持续改进”的教育理念，将思想政治教育融入人才培养全过程，围绕建设应用技术大学的目标，以构建适于地方需求的应用型人才培养体系为引领，立足地方，服务社会，培养适于地方需求的高素质应用型专门人才。

二、重视实践教学，突出能力培养

学校进一步加强与地方、行业、企业等的多元合作，充分利用校外实践教学资源，深化产教融合，对实习实训、课程设计、社会实践、毕业论文（设计）等实践环节进行系统优化设计，根据国家相关文件的精神，对各专业的实践教学提出要求。具体为人文社科类专业实践教学学时（学分）占总学时（学分）

的比例要达到30%以上，理工、农学类专业的要达到35%以上，艺术、体育类专业的要达到40%以上，师范类专业教育见习、实习、研习等教育实践不少于18周。截至目前，学校所有专业均已完成对人才培养方案的修订，其实习实训、毕业论文（设计）等实践环节也已达到相应的比例要求。

三、丰富创新创业元素，增强创新创业能力

为深化学校的创新创业教育改革，学校制定了《衡水学院全面提升创新创业人才培养能力行动方案》《衡水学院创新创业学分认定管理办法》，逐步建立起了融课堂教学、自主学习、课外实践、指导帮扶、文化引领为一体的创新创业体系，鼓励学生积极参加创新创业活动，培养学生的创新精神，增强学生的创业意识，提升学生的创新创业能力，不断提升应用型人才培养质量。

学校根据人才培养定位，将专业教育和创新创业教育有机融合，丰富专业课程的创新创业元素，面向全体学生开设大学生职业生涯规划、就业指导、创业基础等必修课，开设包含学科专业前沿、创新方法、创新思维、经营管理等内容的专业选修课程。此外，学校还推出慕课、精品在线开放课程等优质课程资源，编写创新创业教育校本教材，并建立了适合本校学生层次特点和学科专业特色的案例库。

四、改革教学方法，突出学生的主体地位

学校的人才培养方案全面落实“以学生为中心、以产出为导向、持续改进”的理念，根据人才培养方案全面修订课程教学大纲。课程教学大纲要求全面深化教学改革。各门课程的教学大纲要落实立德树人、突出能力、产教融合等重要任务。对已开设的课程，在继承课程原有教学基础和改革经验的基础上，精选教学内容，注重将学科前沿知识、交叉学科动态、产业发展前沿、最新的科技成果等引入课堂，注重教学手段和考核方式的创新，深化探究式、案例式、混合式、项目化等教学方法的改革，推进数字化技术与教育教学深度融合，实施线上线下混合式教学，探索数字化、智能化教学，引导

学生进行自主性、研究性学习，实施多种形式的全过程追踪学生学习效果的过程性考核等。

在课程教学中，改变以教师和课堂为中心的传统教学模式，突出学生的主体地位，扩大小班化教学的覆盖面，广泛开启启发式、讨论式、参与式教学。培养学生自主学习、分析解决问题、团队合作和社会活动的能力，支持学生开展创新实验、发表论文、获得专利和自主创业等实践活动。改革课程考核方式和内容，促进结果考试向过程考试、知识考试、能力考试转变，促进单一考核方式向多种考核方式转变。

第二节　学校人才培养的转型发展策略

2015 年的《指导意见》指出，要创新应用型技术技能型人才培养模式。建立以提高实践能力为引领的人才培养流程，率先应用“卓越计划”的改革成果，建立产教融合、协同育人的人才培养模式，实现专业链与产业链、课程内容与职业标准、教学过程与生产过程对接。加强实验、实训、实习环节，实训实习的课时占专业教学总课时的比例达到 30% 以上，建立实训实习质量保障机制。

《指导意见》还强调，扩大学生的学习自主权，实施以学生为中心的启发式、合作式、参与式教学，逐步扩大学生自主选择专业和课程的权利。具有培养专业学位研究生资格的转型高校要建立以职业需求为导向、以实践能力培养为重点、以产学结合为途径的专业学位研究生培养模式。工程硕士等有关专业学位类别的研究生教育要瞄准产业先进技术的转移和创新，与行业内领先企业开展联合培养，主要招收在科技应用和创新一线有实际工作经验的学员。深化人才培养方案和课程体系改革。以社会经济发展和产业技术进步驱动课程改革，整合相关的专业基础课、主干课、核心课、专业技能应用和实验实践课，更加注重培养学习者的技术技能和创新创业能力。

认真贯彻落实《关于深化高等学校创新创业教育改革的实施意见》，将创新创业教育融入人才培养全过程，将专业教育和创业教育有机结合。把企业技术革新项目作为人才培养的重要载体，把行业企业的一线需要作为毕业设计选题来源，全面推行案例教学、项目教学。将现代信息技术全面融入教学改革，推动信息化教学、虚拟现实技术、数字仿真实验、在线知识支持、在线教学监测等广泛应用，通过校校合作、校企合作联合开发在线开放课程。

2016 年，《河北省本科高校转型发展试点工作实施方案》提出“创新应用型技术技能型人才培养模式”和“推进课程体系改革与课程标准建设”。人才培养要以提高学生的实践能力为引领，建立产教融合、协同育人的人才培养模式 。根据应用技术型人才成长规律，与行业、企业和用人单位紧密合作，构建突出学习者的实践能力的课程体系和课程标准。

学校早在 2014 年的办学指导思想中就已经明确提出了“创新人才培养模式，提高人才培养质量”的要求，被列为转型发展试点学校后，始终将人才培养模式的创新作为重中之重来开展工作。

一、学校人才培养转型发展的思路

近年来，高等教育的发展紧跟经济发展的产业升级和技术创新，对高校人才培养提出了新的要求，伴随而来的是内涵建设的转变，包括办学理念和教育思想等都要随之转型，尤其是在地方社会发展中具有重要地位的地方本科院校，更要着眼新常态、面向新需求、顺应新形势，进一步拓宽视野、转换理念、更新观念。顺应国家、地方产业的转型和发展，以地方经济发展和社会需求为办学依据，以新的发展思路提升人才培养质量，更好地发挥地方本科高校的社会功能。学校在人才培养模式创方面，明确了以下五个原则。

（一）坚持分类管理，凸显应用型办学的优势和特色

分类管理体现了中国高等教育大众化发展阶段办学类型多样化的要求[①]，主要包括办学职能划分、办学资源分配、办学制度建设、办学质量评估和办学服务区域等方面的差异化管理措施，目的在于更好地体现对不同类型、不同层次的高校进行常态化管理，有利于高校坚持错位发展、特色发展、形成

① 温天力 . 地方本科高校转型发展的路径分析 [J]. 职业技术教育，2016（24）：39-42.

自己特色的办学理念，在内涵建设中转型，让转型真正成为高校发展的内在诉求。学校要求各教学单位要根据学校办学定位，根据本单位学科专业特点，明确人才培养思路或体系，各专业要根据单位的人才培养思路，创新专业人才培养模式。最终实现学校明确人才培养类型，院系明确人才培养体系，专业明确人才培养模式。

（二）坚持综合改革思路，树立协调发展理念

目前衡水学院与地方本科院校一样，存在着很多共性问题，如机制建立不活、结构框架不优、创新动力不够、投入精力不足等，需要厘清内部关系、释放师生活力，发挥各相关利益方的积极性、主动性和创新性。要发挥出各方的优势，必须进行全方位的协调部署，需要围绕地方政府的重大战略决策部署、地方行业企业的发展策略部署、地方教育与文化等软实力的导向部署，协调校内学科专业的发展部署，以综合改革和体制机制创新为动力，以国际化和信息化为导向，实现教育发展与社会发展相结合，从学校内部各个层面，统筹推进学科建设、专业调整、师资培育、保障机制等方面的综合改革。以转型发展为核心理念，统筹推进教育教学重点难点领域改革。通过改革体制机制、创建优势学科专业、优化教师队伍、建立质量文化、增强创新能力、推进数字化校园建设等举措，把学校转型发展改革推向更深层次，推动学校高质量发展。

（三）突出地方高校向应用型转变的特色定位

学校坚持社会主义的办学方向，瞄准区域经济战略定位，突出应用型办学特色，落实立德树人的根本任务，以改革创新为动力，结合区域地方产业转型升级，解决地方高校转型发展普遍存在的问题，加强校政、校企、校际合作，提升学校的社会影响力和竞争力，推动校内、校外优质教育资源共享，融入区域经济和社会发展需求，增强地方本科院校向应用型转变的自觉性、主动性、创造性，与同一层次的应用型高校之间比特色、比优势，提高学校的核心竞争力。

（四）推进人才培养内涵转型

地方本科高校转型发展的实质在于把办学思路真正转到服务地方经济和社会发展上来，转到培养应用型、技术技能型人才上来，转到提高学生的就业创业能力上来，大力推进产学研合作教育及实践教学，突出产学研相结合的办学模式，这是应用型本科院校培养应用型创新人才的必由之路和根本选择①。为此，学校不断加强实践教学，深化产教融合、促进校企合作，开放办学，按需重组人才培养的结构流程，形成应用型的开放办学体系，与行业企业、事业单位等开展深度合作。学校在人才培养上注重自主学习，实施启发式、合作式、问题式、参与式教学方法改革，以加强实践教学环节为重点，拓展见习、研习、实习路径，强化实验、实训教学环节，增加实践教学学分、学时比例，建立实践教学管理运行和质量保障制度，与行业、企业共建校外实践教育基地、实习基地等。

（五）建立以职业能力需求为导向的课程体系

学校构建了以职业能力为导向且符合学校定位的课程体系，突出调研、论证等的重要作用，引导专业深度对接行业企业，明确建设任务，绘制职业能力图谱，深化课程体系、教学方式、考核方式等的改革，着力培养学生的技术技能和创新创业能力，提高课程的支撑度、达成度，检验人才培养成效。注重培养学生的实践能力，拓宽产学研、校企共建等联合培养途径，以职业能力为导向，提升学校服务区域经济社会发展的能力。

二、学校人才培养转型发展的措施

（一）建设校企一体化研发机构，构建校企双赢的人才培养模式

地方高校所在区域存在地方企业需求和学校人才培养不匹配的情况，与经济发达地区的综合类学校相比，由于学校在所处的区域位置、综合实力、

① 潘懋元 . 应用型人才培养的理论与实践 [M]. 厦门：厦门大学出版社，2011.

社会影响力等方面缺乏优势，一些企业可能会不愿合作。鉴于此，学校将积极发挥自己的优势和特色，增强技术研发和科技创新的实力，积极对外寻找技术对口企业联合建设实验实训基地，构建校企一体化校内联动机构和企业研发机构，利用地方学校的高层次人才推进关键技术攻关，大幅度提升培养应用型人才的水平。

（二）严格修订人才培养方案，确保人才培养方案有效落实

学校紧紧围绕“培养什么人、怎样培养人、为谁培养人”这一根本问题，落实立德树人的根本任务，以理想信念教育为核心，遵循高等教育发展规律和人才成长规律，坚持“以学生为中心、以产出为导向、持续改进”的教育理念，培根铸魂，将思想政治教育贯穿人才培养的全过程，围绕建设应用技术大学的目标，以服务区域经济社会发展为引领，以构建高质量应用型人才培养体系为着力点，创新人才培养模式。科学深入的调研论证是编制高质量人才培养方案的基础，也是凸显高校人才培养特色的重要途径①。学校依据调研—分析—论证—再调研的持续改进式人才培养方案修订模式，采取问卷、访谈、社会调查等方法和途径，广泛收集社会对学校人才培养规格和职业能力的具体要求，全方位地开展调研论证，对调研结果进行归纳、分析、提炼、论证，厘清行业人才的结构现状与需求状况，了解企业岗位的设置情况和岗位的工作任务，对应行业企业对高校人才培养在知识、能力、素质等方面的要求，绘制职业能力图谱，重点了解专业教学情况和当前人才培养方案的使用情况，包括人才培养方案的运行情况、课程结构比例等，跟踪调查并收集毕业生的就业情况，对人才培养方案中的课程体系、毕业要求、培养目标等的合理性和达成情况进行评价，为人才培养方案的修订提供全面、科学、客观的事实依据。

学校依据人才培养方案调整工作流程，强化实验教学、实习实训、学科竞赛（第二课堂）、毕业论文（设计）等多维度的实践教学改革，明确各专业人才培养的实习形式、实习周期等内容，实行课程替代、学分置换工作，制

① 王泳涛，杨曦．高校修订人才培养方案的现状透视与提升路径 [J]. 教育理论与实践，2021（27）：3-6.

定课程替代与学分认定、院校学分互认等制度，吸纳社会、行业企业的智力资源参与到人才培养方案执行、调整的全过程中。

（三）加强“双师型”教师培养

学校通过将教师的业务素质建设与技能建设相结合，提升教师的应用型人才培养能力。鼓励教师考取具有较高的社会认可度的技能资格证书，将资格认证作为教师考核的重要组成部分，充分利用教师的业余时间，加强对教师的技能培训，鼓励教师在假期自主参与技能培训学习和社会实践，适应应用型人才培养模式。学校发挥主观能动性，引进社会知名培训机构、企业等有针对性地举办短期技能培训、寒暑假技能理论与知识系统培训等讲座与学习班，以提升教师培养应用技术型人才的技能。

（四）严格选用教材

学校坚持科学严格选用教材，加强教材建设规划与评估，关于教材建设与选用的相关制度比较健全、有保障，制定了教材建设与管理制度、教材编审工作委员会工作条例、教材质量评估制度等相关的工作制度，按照“凡编必审”和“凡选必审”的原则严把教材政治关、学术关，同时坚持优选原则，选用把握本学科、本课程的最新发展动态的教材，及时更新教材，传授最前沿的科研成果，鼓励并组织教师编写出版高水平的教材。

（五）变革教职工晋升机制与收入分配体制

应用型人才培养的核心要素是教师①。为有效推动应用型人才培养模式在教学过程中的具体实施，我们首要的任务就是完善教职工职业晋升与收入分配体系，充分调动教职工参与应用型教学研究的积极性。教师的诉求主要包括两个方面：一是提高物质生活水平（收入），二是提升社会认可度（职业晋升）。完善教师的绩效机制，拓展教师晋升空间，关注教职工价值取向中的导向作用，避免“大锅饭”，精确量化工作内容对教职工待遇的影响，提高教

① 王洪峰，梁瑞华 . 地方高校应用型人才培养过程中存在问题及有效实施对策研究 [J]. 周口师范学院学报，2015（5）：137-142.

学、科研、人才培养等工作的津贴预算，优化教职工收入中评优评先、职称晋升等的比重，让每位教职工能够优劳优酬，调动教职员工的积极性。

第八章　衡水学院师资队伍建设的转型发展

第一节　学校师资队伍建设的现状

近年来，衡水学院以建设应用技术大学、专业硕士学位授予点申报、中乌合作办学及滨湖新校区建设为契机，紧紧围绕党的二十大精神，牢固树立人才是第一核心资源的理念，坚持以人为本，实施人才强校战略，有效落实师资队伍建设规划，师资队伍建设呈现出良好发展态势。

一、教师总量显著增长，队伍结构进一步优化

学校自转型发展以来，通过公开招聘、人才调入等方式引进硕士、博士，在生师比逐年优化的同时，逐步建立了一支数量较为充足、结构渐趋合理、整体素质和能力适应应用型人才培养要求的教师队伍。截至2022年，衡水学院有专任教师1096人，其中有高级职称者542人，约占专任教师总量的49.5%；具有博士学位者207人，约占专任教师总量的18.9%；具有硕士及以上学位者794人，约占专任教师总量的72.4%；任硕士生、博士生导师者34人。获国务院特殊津贴专家、全国模范教师、河北省政府特殊津贴专家、省级教学名师、省级优秀教师、河北省优秀青年教师、省级模范教师、河北省青年拔尖人才、河北省教育工作先进个人、省级中青年社科专家、省宣传文化系统“四个一批”人才、省师德标兵、河北省高校优秀辅导员等荣誉称号的累计有142人次。聘请校外专家教授22人。近年来，学校加大了对博士的培养与引进力度，到2025年，学校的博士学位教师预计将达到350人以上。

学校加大投入力度，积极引进与聘用高层次人才。人才培养与引进经费逐步增加，截至2020年底，学校的人才培养与引进专项经费已增加到上千万元。

二、教师业务能力不断加强，教学水平明显提升

学校成立了教师发展中心，教师的培养培训逐步规范化、制度化。实行导师制、助课制，举办了各类教师教学技能大赛。搭建了教师在线学习平台，组织教师在线学习先进教学理念和教学方法，有力地促进了教师教学水平的提高。先后选派45名中青年教师赴重点大学进行访学。学校大力实施“三年培训工程”项目，有220余名教师学成返校，返校教师通过分享会为学校的教师分享经验，已累计举办了40多场分享会，有2000余名教师参加，使培训工程产生放大效应。2020—2023年，学校教师在省级各类教学比赛中共有272人次获奖，其中，有3人被评为省级教学名师。学生评教结果显示，教师教学效果良好。

三、职称评聘与时俱进，“双师型”教师队伍不断壮大

学校积极稳妥地实施职称评议推荐工作，结合学校发展和专业技术岗位设置的实际情况，人事处、教务处和科研处一起修订和完善专业技术职务评审推荐办法，出台了《衡水学院专业技术职务任职资格申报推荐办法》，在专业技术职务申报和评审中，打破了传统的全校大排队的职称评聘办法，既坚持标准，又以人为本，专业技术职务的评审推荐更加科学、规范。学校重视实践教学，不断提高教师专业实践指导能力，制定了《衡水学院“双师型”师资队伍培养实施办法》《衡水学院关于教师赴企事业单位挂职锻炼的实施意见》等，在职称评聘等方面向具有专业（行业）职业资格和任职经历的教师倾斜，充分调动广大教师参加实践锻炼的积极性。教师通过考取职业资格、赴企事业单位挂职锻炼，提高了专业素质和对教学、生产、实习的指导能力。目前，学校认定的“双师型”教师有552人。

四、团队建设成效明显，专业带头人作用凸显

学校重视教学团队的建设和专业带头人的培养工作。出台了《衡水学院优秀教学团队建设与管理办法》，在人员、资金、项目等方面予以大力扶持，以精品课程、特色专业、教学改革等项目为载体，在教学工作、教研教改、教材建设、队伍建设等方面取得了积极成效。出台了《衡水学院专业带头人管理办法》，选拔和培养了一批有较高教学水平的教学团队和专业带头人，发挥其引领示范作用。学校现有18个校级优秀教学团队、4个省级优秀教学团队、各级精品课程55个、省级精品在线课程3门、优秀教研室15个，遴选专业带头人39名。

五、人事制度改革不断深化，教师队伍活力不断提升

学校认真研讨学习省、市有关绩效工资改革的文件的精神，积极参考省内同类高校绩效工资的改革经验，在认真做好各类人员的绩效工资测算、多次征求广大教职工对绩效工资改革方案的建议和意见的基础之上，对《衡水学院奖励性绩效工资施行方案（试行）》进行了修订，增加了奖励性绩效中对超额完成工作量的人员奖励的比重，提高了专业技术人员做科研的主动性。教职工的收入水平得到普遍提高，尤其是各二级学院青年教师的工资水平有了很大提升，提高了教职工的工作积极性，对学校的总体发展起到了促进作用。

六、师德建设常抓不懈，师德师风水平不断提升

学校将师德师风建设列为事业发展规划、精神文明建设和思想政治工作的重要内容。成立了师德师风建设领导小组，建立了规章制度体系，出台了《中共衡水学院委员会关于加强和改进新形势下教师思想政治工作的实施方案》《中共衡水学院委员会关于建立健全师德建设长效机制的实施办法》等7个文件，将师德纳入教师考核评价体系，实行师德考核一票否决制，构建师德师风建设长效机制。通过开展新教师入职宣誓暨教职工进修仪式、师德标

兵评选、表彰从教 30 年教职工等活动加强师德师风建设。广大教师以立德树人为根本任务，牢固树立了育人为本、德育为先的教育理念，增强了自身的职业荣誉感、社会责任感和新时代的历史使命感，形成了敬业树人的良好教风，涌现了一批爱岗敬业、治学严谨的优秀教育工作者。目前，学校已有 60 余名教师的优秀事迹被新闻媒体报道。

第二节　学校师资队伍建设的转型发展策略

2014 年的《教育部关于地方本科高校转型发展的指导意见（征求意见稿）》中就开展地方本科高校转型发展工作提出了一系列意见，在师资队伍建设上明确了加强“双师型”教师队伍发展建设。文件指出，试点高校要改革教师聘任制度，并进一步改革评价办法，逐步使大多数教师既具有较高的理论水平，又具有较强的实践能力，明确“双师型”教师的基本要求和标准，并使“双师型”教师占专任教师的比例逐步达到 50% 以上。将引进优秀企业技术人员和管理人员担任专兼职教师作为校企合作的重要内容，并有计划地选送教师前往企业进行培训、承担工作及参与企业实践。在教师职务（职称）评聘、日常绩效考核等方面向“双师型”教师倾斜。

2015 年，《指导意见》明确了要加强“双师双能型”教师队伍建设。调整教师结构，改革教师聘任制度和评价办法，积极引进行业公认专才，聘请企业优秀专业技术人才、管理人才和高技能人才作为专业建设带头人、担任专兼职教师。有计划地选送教师到企业接受培训、挂职工作和实践锻炼。通过教学评价、绩效考核、职务（职称）评聘、薪酬激励、校企交流等制度改革，增强教师提高实践能力的主动性、积极性。

2016 年 6 月，河北省教育厅、河北省发展和改革委员会、河北省财政厅联合印发的《河北省本科高校转型发展试点工作实施方案》中明确提出，要加强“双师双能型”教师队伍建设。紧密结合应用型、技术技能型人才培养要求。不断完善教师发展培训制度，加强教师实践教学能力培养，组织教师到行业企业挂职和顶岗锻炼，提高教师的实践教学和实践能力。着力打造一支结构合理、专兼职结合的“双师双能型”教师队伍，到2020年，“双师双能型”教师占专任教师的比例明显提高。

《衡水学院转型发展试点工作实施方案（2021—2025）》提出，要推进师资队伍建设改革，主要从以下七个方面提出了具体要求。一是建立专兼结合的师资队伍与管理评价机制，健全校企合作、产教融合的行业专家（骨干教师）选聘管理考核等制度。二是加快引进应用型专业建设急需的高层次领军人才和教学骨干，每个专业配备1名专业带头人（教授）、3—5名骨干教师（副高以上职称）。三是配齐配全实验（实训、实习）教学队伍。四是实施全员教师培训工程、中青年教师学历提升计划，积极选送教师赴企事业实践锻炼与合作。发挥骨干教师、青年教师对学校转型发展的引领带动作用，构建灵活多样的弹性用人机制，努力打造一支专兼结合的教学团队。五是加强对在职教师的培养，与企业合作建立稳定的“双师型”教师培训基地，安排专业教师到企业顶岗实践，引导教师为企业开展技术服务，使其不断积累实际工作经历，提高实践教学能力。六是聘请行业企业优秀人才作为兼职教师合作授课，每年120人次。七是到2025年，“双师型”教师比例占专任教师总数的比例达到50%以上，行业企业兼职教师能满足人才培养需要。

一、学校师资队伍建设转型发展的思路

（一）着眼应用技术型人才培养，加强“双师型”师资队伍建设

学校根据应用技术型人才培养对教师基本素质的要求，通过引进行业企业人才、让在职教师顶岗锻炼、前往企业参加工作实践等多种途径，打造一支专兼结合的“双师型”教师队伍。作为骨干教师，既应具备扎实的基础理论知识、高质量的教育教学水平及一定的科研能力，又应具有与专业相关的工作实践经验与经历，即具备学术经历与企业经验双重素养。

加快引进应用型专业所需的高层次教学骨干和学科专业人才，发挥其对学校转型发展的引领、带动作用；坚持“不求所有，但求所用”的用人理念，以校企合作为载体，积极从高校、行业企业和科研院所引进教学水平高、专

业能力强、实践经验丰富的技术人才、管理人才担任兼职教师，建立弹性化与灵活化的用人机制，以专兼结合的方式，打造一支高水平的“双师型”素质教学队伍；加强教师在职培训，以校企交流合作的方式，搭建稳定的“双师型”教师培训基地，定期安排专任教师前往企业顶岗工作，挂职锻炼，鼓励教师为合作企业提供技术支持与服务，在实践中提升教育教学能力，积累实际工作经验，在职务晋升、职称评定等方面向应用型教师倾斜，建立健全长效机制；打造优质应用型教学团队，并不断加强团队建设与管理。

（二）着眼大学核心竞争力，加强“双师型”师资队伍建设

大学的核心竞争力是大学不同要素之间协同运作形成的整体能力，办学理念和办学定位这些要素构成顶层设计，人才要素则是贯彻实施顶层设计的必要条件。再好的顶层设计，没有强有力的人才队伍来贯彻实施，也难以形成核心竞争力。应用型地方本科高校需要通过“双师型”教师队伍来贯彻办学定位和办学理念，实施和学校发展相契合的学科专业建设，实现学校办学和育人能力的快速提升。同时充分发挥高校“双师型”教师队伍的作用，打造自己不同于其他高校的独特性，构筑科学合理的人才梯队，奠定学科专业发展的坚实基础。在此过程中，人才力量要能够有效地和人才培养相结合，和服务地方相结合，进而成为学校提升水平、形成特色竞争力的有效路径。

二、学校师资队伍建设转型发展的措施

在转型发展过程中，学校现有师资队伍突出表现为：不熟悉行业企业的发展现状；在技术研发和服务地方经济社会发展方面的能力较为薄弱；理论教学能力较强，但实践教学能力弱；科技开发成果少，应用型人才培养质量难以保证。同时，学校采取外聘业界人士负责实践教学工作的举措，遇到了制定外聘标准、薪酬标准、管理制度、教学质量评价等方面的复杂问题。作为地方本科高校，如何打造一支“双师型”教师团队，如何不断提高等教育教学水平，使教学质量得到保障，以何种方式聘任和考核校外兼职教师，怎

样对接行业企业提供技术支持等，一直是学校在师资队伍建设的转型发展中亟须解决的重要任务。为此，学校采取了以下措施。

（一）科学制订人才需求计划，加大力度引进切实需要的“双师型”教师

建立有针对性的“双师型”教师分类体系。学校根据自己的实际需求和发展需求对“双师型”教师进行分类，比如结合学校学科专业发展的需求，设立科研型的“双师型”教师；根据应用型人才培养的需求，设立教学型的“双师型”教师；根据服务地方的需求，设立科技服务型的“双师型”教师等。结合学校对各类人才的需求的缓急情况，实施不同力度的人才引进政策。优先引进学校急需的高层次“双师型”教师。同时在人才的引进策略上做到点面兼顾，适应当下人才竞争的实际，在学校可承受的范围之内，尽可能提高引进层次。明确“双师型”人才的基本待遇，设定好高层次人才待遇的基础线。待遇的制订结合多样化的人才引进方式进行，配合更加灵活多样化人才引进形式，达到有限资金的最有效利用，比如采用软引进或协议定期引进的形式，实现对高层次人才智力资源利用的最优化。

（二）不断改善工作环境，积极建设区域性的“双师型”人才聚集高地

改善工作环境，加强对“双师型”人才的培养。我校“双师型”人才的工作意愿大致集中在两个层面：一是个人发展平台层面，二是个人待遇层面。越是水平高的“双师型”人才，越注重个人发展空间。要实施好“双师型”人才建设工作，就必须要在打造良好的个人发展空间上下功夫。这个空间应该包括内外两个方面。首先，内部空间是对于学校自身而言。学校的管理部门和各二级学院，必须从认识上加强对“双师型”人才的重视程度，在全校营造尊重知识、尊重能力的氛围。学校要在内部政策上对“双师型”人才予以倾斜，使“双师型”人才在事关自身发展的岗位聘任、职称评聘、工作考核等各个方面感受到学校对高层次人才的重视。与此同时，二级单位必须积极配合，努力为“双师型”人才提供良好的基层工作环境，结合“双师型”人才作用的发挥打造各类平台，推动他们个人才智的充分发挥。其次，学校还充分重视利用尊重知识、尊重人才的外围环境，积极为“双师”人才的发

展开拓更大的发展空间。对于应用型高校而言，服务地方、产教融合是高校重要的职能，我们积极帮助“双师型”人才搞好和地方政府、企业之间的联系，为“双师型”人才的发展提供广阔的展示空间、施展空间。尤其需要指出的是，发展平台的营造还应当包括“双师型”人才的家庭发展平台。学校在政策允许的范围之内，尽量帮助“双师型”人才解决家属的工作问题、子女的入学问题等，为他们的发展消除后顾之忧。

（三）不断加强宣传力度，努力拓宽引进“双师型”人才的路径

从目前的情况来看，与多数应用型地方本科高校一样，学校师资队伍建设最突出的问题是“双师型”人才质量进一步提高的问题。应用型地方本科高校在引进人才的宣传上往往手段单一、过分依赖网络宣传。除了利用网络等渠道积极进行宣传，学校还充分调动教职工的力量，利用教职工的人脉资源，通过他们的朋友圈、学术交流圈等，去发现、联系、引进人才，取得了非常好的效果。

第九章 衡水学院的校企合作与中外合作办学

第一节 学校校企合作与中外合作办学的现状

一、学校校企合作的现状

为了满足转型发展需要，衡水学院持续推进校企合作、产教融合工作，服务地方各行各业。酵素、精酿啤酒等一批项目顺利实现成果转化。成立衡水学院湿地保护与研究中心、书画艺术博物馆、董仲舒思想国际研究院、衡水市地方立法研究中心，打造了衡水湖湿地保护与管理、衡水市防贫监测预警系统、教育与现代农业融合等典型项目，发起成立衡水市农科教创新联盟。积极服务基础教育，深入基层传播传统文化，志愿服务城市发展。成立了校企合作中心，遴选专家团队服务地方。校企合作各项工作深入推进，为学校的应用型转型发展提供了支持和保障。

（一）主动对接地方需求，全方位参与政府决策

学校积极主动参与人大、政府会议，分学科与政府各部门对接。受衡水市人大常委会委托，进行了《衡水市生态环境教育促进条例（草案）》《衡水市城市市容和环境卫生管理条例（草案）》《衡水湖国家级自然保护区条例（草案）》《衡水市养犬管理条例（草案）》等10余项地方法规的起草论证工作。学校制定了《中小学校食堂建设和管理规范（衡水市地方标准）》，学校

的吴荣荣博士作为该标准的技术负责人，带领学校教师完成了标准文本的制定，创新增设了食堂食品安全的管理机构、监督机制和食材选用档次，整体达到国内先进水平。该标准受到时任河北省副省长的夏延军的批示，实施后可惠及衡水市 90 多万名中小学生。学校的数计学院研究团队研发的“冀州区防贫救助系统”，将全区防贫台账和防贫监控对象统一、分级管理，实现了全区防贫大数据的自动预警、汇总、展示。在此基础上，学校与衡水市扶贫办合作共同开发了“衡水市防贫监测预警系统”，该研发成果获得了市委、市政府主要领导的肯定性批示。学校围绕衡水湖湿地生态保护与修复、生物多样性、生态文化建设与开发、保护区法律条例等方面展开了系列研究，初步确定了衡水湖青头潜鸭栖息地保护与管理等工作内容，获批“河北省湿地生态与保护重点实验室”。

（二）召开产教融合大会，服务地方大中小微企业

学校与衡水 11 个县（市、区）的 10 余个市局、数十家行业龙头企业签署了产学研合作协议。聚焦“3+2”市域主导产业和“9+5”县域特色产业集群发展，加强对关键共性技术、前沿引领技术、现代工程技术、颠覆性技术、重大理论和实践问题的攻关，以创新链带动产业链，对我市构建现代产业体系实现了高质量供给。

（三）持续推进产学研用深度融合，助力现代产业新体系构建

学校的科学研究坚持以应用价值为导向，对接政府、企业需要，挖掘培育学科特色和优势，强化科研项目管理，优化和搭建研究平台，培育和组建学术团队，增强产学研合作能力，主动融入以企业为主体的区域、行业技术协同创新体系，结合学科特色与优势，组建科研平台，打造高水平科研团队。目前，学校共有果蔬发酵技术创新中心、河北省湿地保护与绿色发展协同创新中心等省级科研平台 12 个，累计组建了服务地方的专家团队 117 个，涉及 859 人次，其中有 715 位专家学者。

（四）加强产教深度融合，实现校企紧密合作

学校依托各类平台和科研团队，与衡水市河北冀衡集团有限公司、河北钢铁集团衡水板业有限公司、河北衡水宝力工程橡胶有限公司、恒润集团有限公司等多家企业合作，为企业提供产前、产中、产后服务，帮助企业制订发展规划、建立生产基地、研发生产工艺、开展产品质量检测和包装设计，打通了高校科技成果转化的“最后一公里”，形成了校企高效发展、多方共赢的局面，为推进产业转型升级注入了“源头活水”。学校与河北养元智汇饮品股份有限公司合作完成了“发酵型核桃乳生产专用菌株选育及发酵工艺研究”等科研项目，指导该公司完成了核桃乳改善记忆人体试食方案设计，协助该公司完成了河北省微生物发酵植物蛋白饮料工程实验室建设项目以及河北省植物蛋白饮料工程技术研究中心的申报工作。2011 年起，学校教师为公司“六个核桃”“核桃至尊”等产品的包装罐、包装箱以及手提袋等进行的视觉营销体系设计成果相继投入生产销售，双方合作取得了“1+1>2”的效果。

（五）传承董学，助推地域文化产业发展

学校立足衡水丰富的历史文化资源，积极承担衡水市地方文化建设课题，服务地方文化建设。积极助推董学文化的传承与发展，设置了全国首家“董子学院”。《衡水学院学报》开设的“董仲舒与儒学研究”专栏，是国内外唯一的董学研究专业平台。多次举办董仲舒与儒家思想国际学术研讨会，承办了 3 届“全国儒学史研讨会暨河北省董仲舒研究会学术年会”。以此为基础，推动了董学研究的国际合作和交流、加快了董学研究的国际化，使“董子研究”成了衡水的国际名片。

（六）构建多元化的大宣传格局，打造全媒体矩阵

学校构建起了对外宣传一体化，校报、广播电视台、学校官网、官微等全媒体多元化的大宣传格局。成立了新媒体联盟，召开媒体座谈会，充分发挥新闻舆论的宣传导向作用，以地方媒体为基础，积极主动对接中央、省级媒体，做到多渠道、广宣传。与人民网、新华网、中国新闻网、长城网、河

北日报、河北青年报、衡水日报、衡水电视台、凤凰网、新浪、网易、腾讯、中国经济网、中国高校之窗等媒体签署合作协议，全面提升学校的知名度和影响力。

（七）用好高校特色资源，发挥人才优势

学校思政课教师参加市委党史学习教育专家宣讲团，赴衡水各县（市、区）宣讲。以曹迎春、代春敏、白立强为主要成员的“博士三人行”宣讲团，打造“国学＋党史”宣讲特色，开展了党史专题讲座“五进”活动（进机关、进社区、进企业、进学校、进乡村），获得广泛赞誉。学校组织各院系开展“百名大学生赴衡水乡村小学讲述党史故事、同唱一首红歌”活动，覆盖衡水11个县（市、区），与小学师生共唱红歌，开展党史小知识竞答活动，捐赠文体用品，活动营造了知史爱党、知史爱国的浓厚氛围，传承了红色基因。

（八）助力乡村振兴

学校的驻村工作队对村庄的生活环境进行了治理，通过清理、填埋垃圾，平整村内便道，除草，粉刷墙壁等，改善了村民的居住环境。安装净水机，使村民喝上了优质、低价的纯净水。对小路庄村水塘水质进行了检测，并给出了养殖方案和成本核算。与村委会共同帮助5户村民安装了太阳能光伏发电板。申请体育健身器械。为全体村民及小学生进行演出。

（九）发挥党外人士作用，为地方经济社会发展献计出力

学校民进会员提的《河北省电动自行车管理条例》已经被列为2021年河北省一类立法项目。民革党员两次被推选参与吴晓华市长主持的第六届、第七届两会的《衡水市政府工作报告》的起草与审议，会上提出的建议得到了市长的充分肯定。此外，学校的党外人士撰写的提案被评为省政协优秀提案，在衡水日报刊登，撰写的建议被民革省委推荐为省政协常委会书面发言材料。

（十）立足地方，全面拓展办学外延和服务职能

自承办国际马拉松赛事以来，衡水学院连续多年整体性承接了衡水湖国际马拉松赛事裁判与志愿者服务工作。学校每年参与服务的人员均超过1000人，连续多年实现裁判工作零失误，保证了大赛顺利进行，为衡水湖国际马拉松获得国际田联金标赛事、国内金牌赛事的“双金”赛事认证作出了积极贡献。

二、学校中外合作办学的现状

衡水学院坚持开放办学的理念，加强国际合作与交流，立足衡水，依托京津冀，面向全国，服务地方经济社会发展，致力于建设特色鲜明的应用技术大学。学校先后与美国、韩国、匈牙利等国家的27所高校建立了稳定的合作关系，开展了教师互派、学分互认、学生交流、语言培训等合作交流活动。衡水学院现有1个中外合作办学机构和1个中外合作办学项目。

（一）中外合作办学机构

衡水学院柴可夫斯基国际音乐艺术学院（以下简称“国际音乐艺术学院”）是衡水市委、市政府扩大对外开放、补足高等教育短板、推进各类教育高质量发展的重要举措。国际音乐艺术学院是衡水学院与乌克兰国立柴可夫斯基音乐学院合作举办的非独立法人中外合作办学机构，于2020年4月获教育部正式批准设立，开展本科学历教育，开设音乐表演、音乐学两个专业，当年开始招生，目前有在籍本科学生共计252人。国际音乐艺术学院采用“4+0”人才培养模式，学生完成全部学业并通过考试与相关考核，可获得衡水学院毕业证书、学士学位证书以及乌克兰国立柴可夫斯基音乐学院学士学位证书。

国际音乐艺术学院坚持社会主义的办学方向，紧扣立德树人的根本任务，全面贯彻党的教育方针，充分发挥中外合作办学优势，不断加强内涵建设，取得了良好成绩。

1. 突出人才培养“高”质量，强化立德树人新实效

国际音乐艺术学院始终坚持社会主义的办学方向，在灵活运用国外先进教学资源的同时，积极探索思想政治教育多元融入的传统文化导入路径、

中国文化认同路径、本土文化植入路径，打造“本土国际化”教育建设新高地。

（1）立德树人，守牢思想政治工作底线。以大学生骨干培训班为重点，实施“青年马克思主义者培养工程”，引导学生树立共产主义远大理想。以党建为核心推进学生思想政治工作，目前，国际音乐艺术学院已有13人被确定为入党积极分子，4名发展对象成为预备党员。充分发掘周边特有的红色教育资源、传统文化资源，把革命教育和中华优秀传统文化融入立德树人的教育实践中，大力弘扬以爱国主义为核心的民族精神和以改革创新为核心的时代精神。

（2）稳健开拓，持续优化人才培养模式。贯彻以“学生为中心”的培养理念，投资近40万元新建琴房，为学生搭建良好的自主学习平台。完善奖助学金评审方案，鼓励学生积极进取，勇于创新。中乌双方就教学计划、教师聘任、考试考务、联合培养及科研协作等事宜充分协商、研讨及论证，完善双学位培养方案，梳理中乌双方学分互认课程，修订对应的教学大纲，与国际一流高校的课程体系和教学模式匹配融合。

（3）全员育人，多措并举加强学生学风建设。积极构建全员、全过程、全方位促进学生成长成才的服务工作体系，帮助学生解决思想、心理和学业发展等问题。落实“全员育人机制”，开展“学业导师助学”活动。不断完善“教育、咨询、预防、干预”一体化的心理健康支持工作机制，做好对特殊学生的关心培养工作。加强劳育和美育，召开学风建设教师调研座谈会和学风建设学生座谈会，为师生提供更好的沟通平台，营造积极的学习和交流氛围以及良好的育人环境。

2. 注重师资队伍“强”建设，引领教学组织新模式

国际音乐艺术学院按照《中外合作办学条例》和具体教育教学要求，优化师资队伍，将师资队伍建设与管理纳入人才建设总体布局。在此基础上，中乌双方共同完善专业建设、人才培养方案和课程教学模式，构建完善的教学质量保障体系，保障教育教学质量。

（1）聚树成林，明确专业集群式发展的思路。按照教育部《普通高等学校本科专业目录》和《普通高等学校本科专业设置管理规定》的要求，以衡

水学院现有专业为依托，对接乌方的相关专业，学习借鉴乌方的先进经验和优势，开设音乐学、音乐表演两个专业，制订相应的培养方案、课程及教育教学方法等。做到突出重点、强化特色、专业集群式发展。在运行的过程中注重专业设置的内涵关系，做到相互促进，和谐发展。

（2）教有良师，建设优良的师资队伍。国际音乐艺术学院克服国际局势、新冠疫情等不利因素，确保高水平教师队伍的组建。聘请浙江师范大学音乐学院杨和平教授为院长，好中选优，确定了由49名专业教师组成的教师队伍，其中中方教师32人，乌方教师17人。引进的乌方课程和专业核心课程占全部课程和核心课程的三分之一以上。

（3）育人有道，探索立足本地的国际化办学路径。双学籍、双语、双学位的国际化办学是国际音乐艺术学院的显著优势。引进国外优质高等教育资源，融合优质的乌克兰民族音乐及欧洲音乐教育资源优势，实现中外优秀的音乐教育理念、教学方式方法、专业的技术技巧的充分融合、创新。培养实现国际化视野与多元文化的熏陶，通过实践教学，丰富学生的舞台表演经验，将衡水学院的“宽、厚”与乌方的“专、精”有机融合，优势互补，形成独特的专业人才培养体系。2020年以来，国际音乐艺术学院共举办了4场专业演唱会。

3. 探索项目管理“优”模式，获得合作共赢新发展

中乌双方积极争取双方政府的支持，本着真诚合作的态度，充分发挥各自优势，挖掘合作潜力，通过构建良好的组织运行机制，共同推进合作办学项目更好地开展。

（1）真诚合作，推动中外合作办学项目管理精细化。双方共同成立了学院联合管理委员会，联合管理委员会掌握国际音乐学院的办学方向，督导学院教学质量，制定学院管理方针，决定学院的重大事项。配备专职管理人员负责学院的日常行政、招生宣传、外籍师资管理、教学教务管理、学生管理、后勤保障，整体协调学院的教学和行政服务等工作。

（2）顺畅对接，建立顺畅的沟通渠道。双方建立起了和乌克兰国立柴可夫斯基音乐学院校长直接联系制度，就办学重要事项进行交流；学校与乌克兰国立柴可夫斯基音乐学院分别指定了专门联络人，针对办学问题和相关事

项随时沟通，实现了线上联系常态化；商定了线上会议研讨机制，定期进行办学事项研究，在最短的时间内推进工作。两年来，双方就乌方师资的选派、人才培养方案、课程体系、师资待遇、条件保障、学生注册等方面定期进行研究沟通。

（3）互利共赢，以高等教育交流合作推动中乌之间友好合作。加入齐鲁工业大学牵头的中乌合作办学高校联盟。该联盟是中乌两国间的教育科研合作与交流平台，汇集了中乌高水平大学，旨在推动联盟成员之间在人才培养、科研合作、文化沟通、政策研究、社会服务等方面的合作与交流，增进相互间的理解与友谊，为促进两国经济、文化社会的发展助力。

衡水学院自觉服从、服务教育发展大局和国家外交工作大局，努力开创国际音乐艺术学院新局面，努力推动全方位、宽领域、多层次的高等教育对外开放格局。

（二）中外合作办学项目

2021 年 11 月，教育部正式批准衡水学院设立中外合作办学项目——衡水学院与美国中央密苏里大学合作举办数学与应用数学专业本科教育项目，该项目是衡水学院首个申请并获批的中外合作办学项目，实现了学校中外合作办学项目零的突破，也填补了河北省数学与应用数学类办学项目的空白。

按照两所大学的约定，该项目每年计划招生 100 人，最大在校生规模 400 人 / 年。美国中央密苏里大学选派博士或教授到衡水学院授课，主要讲授数学建模、离散数学、概率与数理统计等专业课程，专业课程占到总学时的三分之一。衡水学院也将选派博士或者教授担任美国中央密苏里大学专业课和公选课的教师。项目可采取“3+1”或者“4+0”学制，即学生可以选择在衡水学院学习 3 年，然后去美国学习 1 年，或者 4 年都在衡水学院学习。学生按要求毕业后可同时获得衡水学院的本科毕业证书、学士学位证书以及美国中央密苏里大学的学士学位证书。如果学生有继续学习的愿望，可以考取美国中央密苏里大学的硕士、博士研究生。

新突破推进新发展，衡水学院中外合作办学项目的成功获批可充分引进国外优质教育资源，提升学校的办学能力和办学水平，培养国家和地方经济社会发展急需的国际化应用型专门人才。

第二节　学校校企合作与中外合作办学的策略

一、学校校企合作的策略

校企合作是地方高校转型发展的必由之路，虽然取得了一些成绩，但还存在学科专业建设与企业需求匹配度普遍不高、服务企业的能力不强，校企合作平台搭建不足、合作基础不扎实、合作程度不深入等问题。对此，衡水学院持续深化校企合作，并以此为突破口，力求实现跨越式转型发展。

（一）深入开展学科建设

按照建设特色鲜明的应用技术大学的发展定位，对接京津冀、衡水区域经济社会发展需求，优化调整学科布局。围绕学科特色，积极与省内外高校、科研院所、行业企业等协同创新，牵头或参与组建协同创新中心、技术创新中心、产业技术创新联盟和人文社会科学重点研究基地等各类平台。以高水平学科群支撑产业集群，以创新链带动产业链，强化问题意识和需求导向，持续推进产学研用深度融合，不断提升科技支撑能力和社会服务水平。围绕衡水“3+2”现代产业体系、“9+5”县域特色产业集群，衡水学院优先培育数学与计算机应用技术、资源与环境、生物与医药等优势学科，加强与健康产业、人工智能等新兴产业相关的交叉学科、新兴学科的建设，重点建设与董仲舒儒学、湿地生态等相关的学科群，有效促进学科发展。

（二）调整优化专业结构

以社会需求为导向，发挥学科建设优势，紧密对接区域产业链，改造传统专业，积极发展新兴专业，打造特色优势专业，促进专业结构调整和内涵提升。着力推进适于应用转型的人才培养模式的改革，强化校企合作办学、合作共建专业，实现专业链与产业链、课程内容与职业标准、教学过程与生产过程对接。推进“引企入教”，引入行业标准和企业资源，统筹教学组织与实施，将实验室延伸到企业，促进教学过程与生产过程对接，不断加强实践教学体系建设。学校以区域经济社会对人才的需求和学生发展需求为导向，对接产业需求，按照产业链、创新链和人才供给相协调的原则，以产业和技术发展的最新需求，推动专业建设改革，培育环境与大健康类、工学与人工智能与制造类、贸易物流与管理类、文化与艺术类、教师教育类五大专业集群，形成横向有对接、纵向相贯通的专业布局与结构。

（三）试点建立服务地方的现代产业学院

试点建立融人才培养、技术研发与社会服务于一体的现代产业学院。强化多元主体协同，探索理事会、管委会等治理模式。探索校企人才双向流动机制，建立选聘行业协会和企业的业务骨干、优秀技术和管理人才到校任教的有效路径。探索实施产业教师（导师）特设岗位，完善产业兼职教师引进、认证与使用机制。开展校企导师联合授课、联合指导，推进探索教师激励制度，打造高水平教学团队。根据教育部和河北省教育厅相关文件的精神，基于前期的产学合作基础，结合国家和河北省人工智能产业发展需求，学校积极与企业合作，共建了1个省级、7个校级现代产业学院，持续推进产教融合、协同育人的人才培养模式改革。

（四）加强“双师型”教师队伍建设

在保障实践教学人员和教辅人员基本稳定的基础上，加强“双师型”教师培养，实施“双师养成计划”，鼓励中青年教师到企事业单位一线顶岗实践或从事研究工作。鼓励教师到企业实践、接受专业技术培训、为企事业单位开展各类技术研发和相关服务、考取专业技术任职资格证书、职业技能证书，提高教师的专业技术应用实践能力，定期开展“双师型”教师认定工作，为应用技术大学建设提供充足的人才保障和智力支撑。

（五）提升应用技术研究能力和水平

大力推进学科建设与经济社会发展的融合，努力在体制机制协同创新、校内外核心创新要素深度融合、优质科技资源共享、高水平项目研究与转化层面创新路、出成果。大力推进产学研深度融合，鼓励教师、科研人员主动服务区域发展，积极争取创新项目，不断提升科研水平和社会服务能力。近年来，学校充分利用优质科技资源，紧密对接地方经济社会发展需求，累计获批各类纵向、横向科研项目2800余项，承接企事业单位委托研究项目180余项，合同经费4600余万元。

（六）探索深化产教融合新模式

建立需求信息平台，实现校企合作快速对接。以支柱产业、特色产业、新兴产业为主要方向，大力推进资源共享、专业共建，校企联合开展技术攻关、产品研发、成果转化、项目孵化等工作，提升产业创新发展竞争力。推动科教融合，将研究成果及时引入教学过程，促进科研与人才培养积极互动。建设联合实验室（研发中心），围绕产业技术创新的关键问题开展协同创新，着力提升产品研发和技术服务能力。健全成果转移转化机制，为师生创新、创业提供场地、奖金和政策等支持，孵化培育一批新产品和新项目。根据办学定位，学校以地方性、应用型为导向，全面开展校企合作，深入推进产教融合，紧密对接区域产业链，有63个专业与137个行业企业合作，校企双方共同制订人才培养方案，合作建设课程项目，共同编写教材，合作实施师资培训，共建实践基地，联合开展项目研究等，产教融合、校企合作已经成为学校人才培养的创新模式，促进了教育链、人才链与产业链、创新链的有机衔接，加快了教育和产业统筹融合、良性互动的总体发展格局的形成。

（七）着力培育服务地方的团队

充分发挥人才、科技汇聚优势，建设一批科技服务团队和人文社科服务团队，围绕区域战略和企业急需，承接一批科技项目、技术创新课题。对接衡水“3+2”现代产业体系、“9+5”县域特色产业集群的建设，开展服务地方专项行动。继续实施重点服务团队建设，瞄准先进装备制造、新材料、食品及生物制品、机器人、数字信息安全、大健康等战略性新兴产业，为企业提供技术支撑和智力支持。

（八）全面增强社会服务能力

对接衡水市“三城两基地”建设规划，积极搭建服务平台。以省级平台为支撑，整合地方人才和科技资源，共建共享重点实验室、工程技术服务中心和研究中心。加强教育服务，推进文旅产业服务，打造志愿服务品牌，助力智慧城市建设。加强服务团队建设，为引领地方产业转型升级提供更强大的支撑。紧贴地方实际实施智库建设，积极开展研究和咨询。

（九）扎实服务乡村振兴战略

做好巩固拓展脱贫攻坚成果同乡村振兴工作体系的衔接工作，确保“标准不降低、力量不减弱、工作不断档”。注重发挥驻村干部的优势，鼓励他们在驻村一线锤炼队伍、积淀力量、注重实效、多出成果。聚焦乡村振兴需求，推进产教融合，大力推进校地、校企之间的深度合作，开展面向乡村的科研服务，为乡村振兴提供坚实的支撑和保障。

（十）加强宣传，提升社会影响力

更新对外宣传观念，凝聚宣传共识，提高整体发声能力。以官方“两微”为龙头，整合校内资源，融合媒体资源，构建从传统媒体到新媒体的多元立体化的信息传播矩阵，完善宣传工作的大格局。精心选择学校在学科、专业、人才培养、服务地方等方面的改革实践成果，找好切入点，在宣传推广上下功夫。不断加强对宣传工作的规范管理，深化舆论引导，提高宣传质量，提升学校的影响力和美誉度。

二、学校中外合作办学的策略

以习近平新时代中国特色社会主义思想为指导，深入贯彻落实党的二十大精神，贯彻“十四五”规划纲要对建设高质量教育体系的要求，落实教育部等八部门《关于加快和扩大新时代教育对外开放的意见》。坚持开放思维和国际化视野，深化国际化人才培养模式改革，提升办学国际化水平。根据中共中央办公厅、国务院办公厅印发的《关于做好新时期教育对外开放工作的若干意见》，坚持“围绕中心、服务大局，以我为主、兼容并蓄，提升水平、内涵发展，平等合作、保障安全”的工作原则。努力提升国际合作交流质量，开创学校高等教育国际化新格局。努力使教育国际合作与交流在规模、层次、水平与质量等方面实现跨越式发展。

按照大学国际化的基本理念和要求，深化人才培养模式改革，开展多层次、宽领域、全方位的国际教育交流与合作，积极引进全球优势教育资源，搭建国际科研合作平台，重点通过师资队伍国际化、人才培养国际化、学术科研国际化、学生生源国际化四个方面的发展，提升办学国际化水平，为学校建设特色鲜明的应用技术大学提供有力支撑。第一，完善组织架构建设，健全管理制度，形成职责清晰、富有活力的管理队伍，为中外合作办学高质量发展提供支撑和保障。第二，积极与合作方沟通，让中外双方合作尽快步入快车道，形成中外协同合作的育人格局，持续优化人才培养方案和教学模式，满足学生的个性化教育需求，不断提升国际化教育水平。第三，加强师资队伍建设，通过聘请、引进、培训等多种方式不断提高教师队伍的水平和层次，抓紧推进外籍教师入校开展教学工作；尽快提升国内现有教师的水平，加强高水平教师的引进和聘任工作，稳定提高教学质量。第四，加强教学质量监控，保障线下教学、线上教学、线上线下混合式教学的质量，积极参与质量认证与评估，为学生提供具有国际水准的教育服务。

第十章　衡水学院创新创业教育的转型发展

第一节　学校创新创业教育的现状

一、工作机制完善

根据《衡水学院关于印发全面提升创新创业人才培养能力行动方案的通知》，衡水学院的创新创业教育实行多部门协同，校、院系二级管理体制。学校成立了创新创业教育领导小组并下设工作小组和专家委员会，院系成立了创新创业教育工作领导小组和创新创业教育分中心。

创新创业教育领导小组由校长任组长，主要职责是切实将党中央、国务院和教育部文件精神以及地方政府和主管部门的相关要求和部署落到实处，制订目标明确、措施得力的实施方案。将创新创业工作列入学校的重点工作，放在服务学校发展战略全局的高度统筹推进，切实融入学校办学特色，建设创新创业型学校。学校的创新创业教育工作小组由教学、学生、科研、人事、宣传、科技成果转化、创新创业、发展规划、教师发展、团委等部门的负责人及学院的主要领导组成。学校的创新创业教育专家委员会由校内外专家学者、企业家等人员组成。

各二级学院成立创新创业教育工作领导小组，院长任组长，分管教学科研工作的副院长、分管学生工作的党总支副书记（学工办主任）、教研室主任、实验中心主任、团总支书记及不同专业教授为成员。主要职责是建立院级创新创业教育管理制度及运行机制；健全创新创业教育课程体系；保障创新创业实践条件；组织指导创新创业实践活动。将创新创业教育融入人才培养全过程，全面提升应用型人才培养的质量。各学院建立创新创业教育分中心，负责落实创新创业教育的各项工作，分中心由院部主管领导兼任主任。工作机制自建立以来，不断趋于成熟，运转日益顺畅。

二、制度建设完善

创新创业教育制度建设不断成熟完善，学校相继出台了《全面提升创新创业人才培养能力行动方案》《开展创新创业教育课程建设工作的意见》《创新创业教育工作考评暂行办法》《创新创业学分认定管理办法》《大学生创新创业训练计划项目管理办法》《大学生学科竞赛组织管理办法》《大学生创新创业活动成果奖励办法》等系列文件。

这一系列的制度文件明确了创新创业学分管理、双创课程体系建设、创新创业训练计划项目、指导教师待遇、学科竞赛管理、学生创新创业成果奖励等重要问题，为推动衡水学院双创工作的持续深化奠定了良好的制度基础。

三、促进专创融合，积极参加创新创业实践赛事

衡水学院开设了“大学生职业生涯发展与规划”“大学生就业指导”“创业基础”3门通识课，同时推动建设全校性的创新创业素质拓展课程。突出学生的素质培养和能力提升等培养目标，注重增强学生的社会责任感、创新精神和创业实践能力。

学校通过专创融合、课赛结合的方式构建创新创业育人机制，健全创新创业指导体系。积极鼓励引导师生参加各级各类创新创业实践赛事活动，连续参加河北省“互联网+”大学生创新创业大赛，近几年来，学校师生参与大赛的积极性不断提高，参赛规模不断扩大，累计获得省级铜奖40项、银奖1项，衡水学院连续3届获得河北省优秀组织奖；连续组织创新创业训练计划项目的申报，累计有162个项目被确定为省级项目、13个项目被确立为国家级项目。

第二节 学校创新创业教育的转型发展策略

转型发展以改革创新为根本动力，以社会需求为导向，以人才培养质量为核心，以产教融合、校企合作为发展路径。创新是引领发展的第一动力，而创新驱动主要是人才驱动，培养高素质的创新创业型人才是高等教育转型发展的重要任务。学校根据转型发展的标准制订创新创业教育改革方案，并积极落实。将创新创业教育纳入人才培养方案，设立专门的创新创业学分。深化专创融合，在专业建设、课程教学过程中融入创新创业元素。课赛融合，引导学生参加高水平学科竞赛，在实践赛事中提高创新创业能力。积极搭建平台，与行业、企业协同共建创新创业教育基地，为学生的创新创业实践活动提供支撑。通过创新创业教育，为全体学生训练自我发展能力提供舞台和平台，激发他们探索未知的思想火花，让每个学生在大学期间都能够接受基本的创新创业教育训练，奠定其未来进步与发展的基础。

根据上级要求，我校的创新创业教育要形成办学定位明确，治理体系完善、治理能力明显提升，学科专业布局合理，产教多元融合，人才培养模式富有特色，“双师双能型”教师队伍建设成效凸显，应用型、复合型、创新型人才培养质量不断提高，服务地方经济社会发展能力显著增强，以产教融合、校企合作、国际交流为主体的开放办学格局，为转型发展成为特色鲜明的应用技术大学的总体目标奠定坚实的基础。

一、学校创新创业教育转型发展的思路

高校是人才输出的主要阵地，创新创业教育的目的不是让每个学生都去创业，而是培养具有创新创业素质和能力的应用型人才，重要的是培养学生的创业精神和创新能力。政府、高校和企业都要认识到创新创业教育的重要性。近年来，衡水学院的创新创业教育主要是通过强化基础、课赛结合、搭建平台、政策引导等途径，营造良好的创新创业教育文化氛围，优化创新创业制度和服务环境，积极构建全覆盖、多层次、系统化的高校创新创业教育

体系，以实现培养人才、服务地方的教育目的。

二、学校创新创业教育转型发展的措施

（一）营造创新创业文化氛围

大学生创新创业教育的发展依赖于活跃、厚重的创新创业文化氛围，唯有在创新创业文化的普遍关照下才能行稳致远。一是培育以人为本的创新创业文化。开发大学生自身潜能、尊重其个性、充分考虑其现实诉求、培养其良好的创新意识和创业能力。二是培育大学生与创新创业匹配的责任感和担当精神。在双创中心的推动下，2018 年，学校成立了大学生创新创业社团，社团的宗旨是通过丰富的创新创业活动激发同学们的创新创业意识并在实践中提升创新创业素质和能力。社团自成立以来，组织了职业生涯规划大赛、求职简历大赛、创业就业辩论赛、商务礼仪大赛、营销大赛等赛事活动，以及主题讲座、培训等活动。学校定期或不定期组织各项实践活动，给学生们提供了更多的锻炼机会和学习机会，同时在很大程度上培养了广大学生的创新创业意识和能力，营造了创新创业的浓厚氛围。之后学校又成立了创新创业协会，进一步推动了学校创新创业活动的开展。

（二）构建创新创业教育支撑平台

学校致力于搭建学术发展、人才培养与产业联系的平台，包括创新创业教育机构、知识产权管理和科技成果转化机构、引导产业界和校内学科共同研发的管理机构、依托学校设立的科技创新产业园和孵化器等。学校牵头建立的“湿地保护与绿色发展协同创新中心”被认定为河北省第三批协同创新中心，2021 年，学校的“河北省果蔬发酵技术创新中心”被河北省科技厅批准筹建。我校建立的学生创业孵化园，现已有 17 个项目入驻。

（三）完善创新创业教育课程体系

学校充分利用学校的有效资源为学生进行跨学科和专业的课程设计，找

到各个学科的交叉点，丰富教学内容，培养学生各个方面的能力，最终培养学生的创新创业能力。通过专创融合、课赛结合的方式构建创新创业育人机制，健全创新创业指导体系。朝着学生创新创业的方向，以实践为根本，结合教材内容实现课程教学的多元化、层次化。

（四）建立完善的创新创业教育制度

衡水学院的创新创业教育制度建设相对比较完善，将来一是进一步促进制度的实施，充分发挥制度的激励性作用；二是依据发展情况及时完善制度，做到与时俱进，为创新创业教育提供良性的制度支撑。为了完善创新创业制度，在校党委领导下，学校相继出台了《全面提升创新创业人才培养能力行动方案》《开展创新创业教育课程建设工作的意见》《创新创业教育工作考评暂行办法》《创新创业学分认定管理办法》《大学生创新创业训练计划项目管理办法》《大学生学科竞赛组织管理办法》《大学生创新创业训练计划项目管理办法的通知》《大学生创新创业活动成果奖励办法》等文件。

（五）培育创新创业教育的师资力量

高校创新创业师资的合理构建是提升高校创新创业教育总体水平的基础。衡水学院不断推动创新创业教育的持续深化。首先，为各专业教师提供创新创业实践的机会，让其在实践过程中发现问题、解决问题。其次，竭力为创新创业教育教师搭建交流的服务平台，增加教师之间的交流机会，积极主动创办创新创业专题讲座等系列活动。最后，完善创新创业教师评价体系，在原有的学生教学评价体系的基础考核项目中，增加创新创业和就业指导等考核指标。学校的创新创业师资队伍有各专业的教授、博士，结构合理，还包括学生创新创业项目的专业指导教师，以及校外的相关专家，形成了一支专兼结合、专创融合的师资队伍。

第十一章　衡水学院教育教学质量保障体系的转型发展

第一节　学校教育教学质量保障体系的现状

健全教育教学质量保障体系，是狠抓教育教学质量、落实全面从严治校的需要，是现代大学制度建设的重要组成部分。其根本目的在于强化学校的内涵建设，落实学校的发展定位，提升学校的人力资源水平，优化教学资源配置，规范人才培养过程，提高教育教学的管理水平，实现学校的发展目标，提高人才培养质量。中共中央、国务院印发《深化新时代教育评价改革总体方案》后，衡水学院积极响应，认真学习和深刻领会文件精神，制订改革行动方案，全面贯彻落实各项要求，立德树人落实机制更加完善，引导教师潜心育人的评价制度更加健全，促进学生全面发展的评价办法更加多元。

一、学校的教育教学质量保障组织机构

衡水学院组建了学校和教学单位两级教育教学质量保障机构。学校成立教育教学质量保障工作委员会，学校党委书记、校长为教育教学质量第一责任人。校长任主任，校级副职领导为副主任，委员由各单位主要负责人、校级教学督导专家代表和学生信息员代表组成。教育教学质量保障工作委员会下设办公室，办公室主任由教育教学质量监控与评估中心主任担任，具体执行学校教育教学质量保障工作委员会的各项决定，做好对日常工作的管理。

委员会分定位与目标保障组、师资队伍保障组、教学资源保障组、培养过程保障组和学生发展保障组等5个小组开展工作。各组分别由学校发展规划中心、人事处、国有资产管理中心、教务处和学生处牵头，统筹本组的质量保障工作的计划、组织、实施、监督、评价、总结等事宜，定期向教育教学质量保障工作委员会汇报工作进展情况。

各教学单位成立相应的教育教学质量保障工作领导小组，各单位的党政主要负责人为本单位教育教学质量第一责任人，组长由各教学单位院长或主任担任，副组长由本单位各副职担任，成员由综合办、教科研办、团总支（学工办）、教研室、实验室主要负责人，以及本单位二级教学督导教师和本单位学生教学信息员代表组成。领导小组设办公秘书，负责本单位教育教学质量保障工作的协调、运行等日常事务以及工作信息的上传下达。教学单位教育教学质量保障工作领导小组全面统筹本单位的教育教学质量保障工作，接受学校教育教学质量保障工作委员会的领导，执行教育教学质量保障工作委员会办公室的工作安排。

二、学校的教育教学质量保障模式

为全面提升人才培养质量，学校制定了《衡水学院关于健全教育教学质量保障体系的实施意见》，构建了“三个五”质量保障模式，主要包括三个方面：第一方面包括目标与定位、师资队伍、教学资源、培养过程、学生发展等五项保障内容；第二方面包括质量目标、质量标准、监测评估、信息反馈、质量改进等五个运行环节；第三个方面包括目标考核、教学督导、教学评估、审计监督、执纪监察等五种监控措施。

（一）学校的教育教学质量保障模式的主要框架

1. 目标与定位

目标与定位是学校顶层设计的核心，主要的保障任务是根据地方经济社会发展需要和学校实际，科学设计学校的发展方向和目标，确定学校的人才培养目标，统筹学校事业发展规划及学科建设、专业建设、师资队伍建设、校园建设、校园文化建设、成人教育发展等各项子规划；分解年度工作计划任务；落实学校人才培养中心的定位；培育和深化学校的办学特色；确保学校的发展目标和人才培养目标的实现等。

2. 师资队伍

师资队伍是学校的第一人力资源和事业发展的关键。主要的保障任务是根据学校的定位和人才培养工作的需要，确保教师的数量和质量，以及科学调控各学科专业的师资。采取有效措施，确保全体教师师德师风优良，研究水平高，专业实践能力、创新能力以及服务地方经济社会发展能力强等。

3. 教学资源

教学资源是支撑学校人才培养工作的重要条件。主要的保障任务是根据学校定位和人才培养工作的需要，确保教育经费充足，教学经费投入到位，经费结构合理。各种教育教学场所、教学设施设备、图书资料、专业课程等教学资源满足教学科研需求，校企、校地合作资源建设及利用充分，积极吸纳和利用校友与各种社会资源等。

4. 培养过程

培养过程是教育教学工作的核心和主体。主要的保障任务包括招生数量充足，生源素质高，学科、专业、课程、教材建设规划科学，学科和专业设置符合社会需求，形成与经济社会发展需求充分对接的学科群、专业群（链），人才培养方案的制订、修订和执行规范有序，课程建设优质高效，教学大纲与时俱进，内容不断更新，教材编写质量高，传授知识与思想政治教育相结合，突出应用，体现学术前沿动态，渗透创新创业元素，实践教学学时充分，育人成效明显；以评促建，健全学科、专业、课程、教学评价体系，建设重点发展学科和一流学科（专业），明确专业人才培养模式和教学模式。教学运行规范有序，教学场所安全整洁，设施设备运行良好；第二课堂形成丰富多彩的育人体系，国内外合作办学、师生交流不断增量提质。

5. 学生发展

学生发展是学校工作的第一要务，本着以学生为本的思想原则，主要的保障任务是做好学生的思想教育和日常行为管理，做好为学生的学籍管理、素质测评、奖助学金发放、学业、就业、职业生涯规划、创新创业、心理健康咨询等方面的指导与服务等。

（二）学校的教育教学质量保障模式的运行环节

1. 质量目标

学校的发展定位和人才培养目标定位是学校总的质量目标，发展规划中心牵头拟定学校的年度工作目标和任务，经学校党委常委会议议定，形成年度工作要点，各单位根据学校年度工作要点制订本单位的具体工作目标和任务。

2. 质量标准

质量标准是健全教育教学质量保障体系的前提，是运行、监控和评估的基本依据。主要分为专业建设质量标准、教学各环节质量标准和管理运行环节质量标准。专业建设质量标准主要依据《普通高等学校本科专业类教学质量国家标准》制订，包括各专业人才培养目标与规格、师资队伍建设、教学条件、课程建设、教材建设、质量管理等方面的质量标准；教学各环节质量标准包括课程设计、理论与实践教学、作业练习、辅导答疑、毕业论文（设计）、教学评价等方面的质量标准；管理运行环节质量标准包括各单位职能、岗位职责、工作流程、规章制度的制订、修订、执行等方面的质量标准。

3. 监测评估

监测评估是教育教学质量保障体系的重点环节，是对各单位在教育教学及管理中落实学校目标的情况进行督导、检查和评估。主要通过院系教学工作评估、专业评估及认证、学位审核、课程评价、教材评价、学生评教、师生接待日、领导干部听课、督导专家听课、同行听课、教学检查、学生信息员工作、质量数据监测、教学经费审计、规章制度检查等系列措施促进教育教学及管理水平提升。

4. 信息反馈

信息反馈是教育教学质量保障体系的重要节点，是将监测评估环节收集的信息和结果准确、全面、快速地反馈到相关单位，重大教育教学质量问题提交学校教育教学质量保障工作委员会协调议定。信息反馈环节的呈现形式主要有召开教育教学质量信息反馈会，研究解决质量问题；发布教育教学质量工作报告，向校内外公布学校的育人工作情况；向相关单位传达反馈通知，告知相关问题；印发教育教学质量简报，通报存在的共性问题或评价结果；开展学情、校情等专题调查，形成并发布调查报告；建立信息反馈系统平台，高效发布反馈信息等。

5. 质量改进

质量改进是教育教学质量保障体系的目的，是提升教育教学质量的关键环节。各单位要对存在的问题，高度重视，整改落实。对于涉及整改的单位，要在规定时间内作出整改实施方案，明确整改路线、时间、责任人等信息，整改完毕后，要及时向教育教学质量保障工作委员会或相关单位汇报整改情况。同时，对相关的整改落实工作要保持跟踪督查，保证教育教学质量的持续改进与提高。

（三）学校的教育教学质量保障模式的监控措施

1. 目标考核

为确保学校总体目标的实现，对学校各单位实行基于职责基础上的目标考核机制。年终由教育教学质量监控与评估中心牵头组织，对各单位的党建工作、业务工作等的完成情况进行定性定量测评，对考核优秀和不合格的单位分别给予奖励和惩罚。各单位根据学校考核文件，制订考核细则，形成压力层层传导、人人主动做事的长效机制。

2. 教学督导

成立学校、院系两级教学督导队伍和学生教学信息员队伍，对学校的整体教学及管理状况进行调查、研究和反馈，检查、指导和监督全校教学工作的各个环节，定期召开教学督导工作和信息员工作会议，对学校人才培养的目标和规格、教师队伍水平、教学资源及利用、教师教学的基本文件、理论和实践教学、毕业论文（设计）、考风考纪、命题试卷、教研活动、学生教育管理、教学运行、教学场所的设施设备以及各部门对规章制度的执行等方面进行督查指导，反馈问题，提出改进建议。督导结果纳入年度目标考核计分范围，并作为单位绩效分配和评优评先的重要参考依据。

3. 教学评估

建立健全以学校自我评估为基础，以院校评估、专业认证及评估和教学基本状态数据常态监测为主要内容，用人单位、学校、学生和社会多元评价相结合的教学评估体系。开展院系教学工作评估、专业认证及评估、课程评估、教材评价、学生评教、师生满意度调查等，建立每两年一轮的院系教学工作评估机制，将院系教学建设、教学改革、教学管理等作为教学评估指标体系的重要组成部分，评估结果作为学校对院系教学工作年度目标考核和经费投入、招生计划等教学资源分配的重要依据。积极参加本科教育质量外部评估，包括审核评估、专业认证以及国际评估等。

4. 审计监督

积极发挥审计功能和作用，每年由审计处牵头组织对各单位开展审计工作，对学校年度预算执行情况和财务决算，学校各类有形和无形资产管理及使用效益，中层领导干部任期经济责任以及校内各单位资金的管理和使用情况进行审计监督，形成审计工作报告，责成问题单位限期整改，有效发挥教学资源的最大作用和效益。

5. 执纪监察

积极发挥纪检和监察的职能和作用，每年由监察处牵头组织检查各单位贯彻执行国家法律、法规、政策和学校决议、决定、规章制度的情况，检查、监察各单位贯彻落实党风廉政建设责任制以及领导干部廉洁自律有关规定的情况，进行定期或不定期执法监察或专项检查，并依法保护监察对象行使职权，形成监察工作报告，按照相关规定对问题单位作出相应的处理，营造风清气正的立德树人氛围。

第二节　学校教育教学质量保障体系建设的转型发展策略

引导部分地方本科高校转型发展是党中央、国务院作出的重大决策。《指导意见》中明确提出，完善校内评价制度和信息公开制度。建立适应应用型高校的人才培养、科学研究质量标准、内控体系和评估制度，将学习者实践能力、就业质量和创业能力作为评价教育质量的主要标准，将服务行业企业、服务社区作为绩效评价的重要内容，将先进技术转移、创新和转化应用作为科研评价的主要方面。完善本科教学基本状态数据库，建立本科教学质量、毕业生就业质量年度报告发布制度。

根据《指导意见》的要求，学校的转型发展工作要建立适应应用型高校的人才培养的教学质量保障与监控体系，完善本科教学基本状态数据库，建立本科教学质量、毕业生就业质量年度报告发布制度。建立完善的质量评价、过程监控、督导及持续改进机制，并认真组织实施。这就要求各单位高度重视教育教学质量保障体系的实施工作，切实树立质量意识，将质量视作学校的生命线，形成全校各单位共同关注、共同参与教育教学质量保障体系建设的浓厚氛围。一是各单位根据转型发展的目标要求，组建教学质量保障工作小组，认真谋划本单位的教育教学质量保障体系、保障模式和工作机制，做到有措施、有执行、有记录、有成效，将质量保障工作做实、做精、做细。二是教育教学质量保障各牵头单位和监控单位认真履行职责，落实责任。通过科学的管理，提升教育教学质量保障工作的效率和水平，通过严格的考核、评估、审计和督察，提升教育教学质量保障工作的效益和水准。三是各单位树立质量持续改进意识，在各级各类教育教学及管理检查、评估活动中，要充分尊重校内外教育教学督导与评估专家，积极配合工作，虚心听取专家提出的问题和改进建议，做到立行立改，改进有力，持续提升。

一、学校教育教学质量保障体系建设转型发展的思路

（一）完善以自我评估为基础的内部质量保障体系

落实以学生为中心、以产出为导向、持续改进的教育理念，完善自身的教育教学质量标准，更加重视学生学习体验评估，完善以自我评估为基础的内部教学质量保障体系。从生源情况、培养方案、教学资源、教学改革与教

学成果、教学质量保障体系、培养效果、专业特色等七个方面建立质量标准体系，全面、客观地评估专业建设现状。以日常教学监控、课程质量评估、学生学习经历调查、毕业生跟踪调查为手段，建立一套内部质量保障机制，持续对学生的在校学习效果进行全面的监测与评价。

（二）以平台建设强化教育质量常态监控

高等教育质量监测国家数据平台 3.0 既是高校内部质量监控和政府部门开展本科教育教学质量常态化监测的主要手段，也是“五位一体”高等教育质量保障体系的重要组成部分。数据平台 3.0 包括高校基本信息、基本办学条件、教职工信息、学科专业、人才培养、学生信息、教学管理与质量监控等本科教育教学的各方面数据。强化本科教育教学各方面数据的收集、分析、整理、反馈，建立衡水学院高等教育质量监测数据平台，为各院系提供本科教育教学质量核心指标数据和数据报告，为各院系对标自身相关数据找差距、明措施、抓落实、出真效提供保障，为各院系教育教学评估、专业认证工作提供所需数据和事实资料。

二、学校教育教学质量保障体系建设转型发展的对策

（一）进一步完善“三个五”教育教学质量保障体系

衡水学院在践行“三个五”教育教学质量保障基本制度的过程中，各教学单位依据各自专业特点、实际情况成立教育教学质量保障体系的组织机构，制订了机构基本职责，构建了由教育教学过程质量监控机制、毕业生跟踪反馈机制、专业持续改进机制、院系特色教学质量保障机制组成的二级教学单位教学质量保障制度，对落实衡水学院快速向应用型转型发展而不降低质量的要求发挥了重大作用。学校教学质量保障制度由学校主导，以各二级教学单位为基础，充分发挥各单位和专业基层教学组织的作用，将评估、认证、数据监测和国际交流等融为一体，走出了一条有衡水学院转型发展特色的教育质量保障道路。对照中央关于教育评价改革的总体方案的精神要求，在高

等教育普及化深度推进的新形势下，不断完善“三个五”质量保障体系，提高质量保障的先进性、适应性和有效度；加强分类评估制度设计和探索，科学指导和激励二级教学单位分类发展；完善专业认证标准与认证过程，更关注教与学，更关注学生的全面发展；完善数据监测体系，建立以大数据为基础的监测平台与服务机制；完善有关质量保障的国际交流与合作，发展有衡水学院特色的、在国际上可行的高等教育质量保障标准与工作机制。

（二）积极探索科学、合理、有效的教学质量保障机制

为持续提升教育教学督导工作质量，突出教育教学督导工作职责、工作成效、工作对象满意度，学校制定了教育教学督导教师考核办法，通过考核激励机制，逐步提升教育教学督导工作质量。

学校构建了“四阶段”“四环节”“四层次”工作机制对日常教育教学质量进行监控。校、院系两级教育教学督导深入教学一线，采取灵活的工作机制，开展线上线下听课和教学专项检查，重点督导课程教学、课程评价、毕业论文（设计）、学生工作等重要环节，坚持督导检查与院系整改两条线，重点突出整改“回头看”，深挖精准找根源，从制度上保障课程考核、毕业论文（设计）等核心教学环节质量持续提升。

同时，学校、教学单位、专业基层教学组织、教师形成合力，共同推进衡水学院线上教学平台建设，强化线上课程资源共享机制，大力建设智慧数字仿真教育教学平台与空间。构建与衡水学院自身的线上教学平台、资源保障等相适应的高效教育教学质量监控体制机制，为线上教育教学主要环节与资源的质量把脉问诊、保驾护航。建立长效持续改进与激励机制，实现学生学习效果、教师教学能力、教育教学资源高质量发展。

（三）进一步加强质量文化建设

衡水学院教育教学质量文化建设成效初现，广大教职员工已经有了初步的质量意识并不断深入人心，对教育教学过程主要环节与教育教学主要保障要素都建立了明确的质量要求，并在教育教学实际运行过程中不断地精炼与细化。

强化对人才培养各环节的监控，不断增强全员质量意识。召开教育教学质量保障工作会议、本科教学工作会议、教育教学督导工作会议、学生教学信息员工作会议，发布了《进一步深化新时代高水平本科教育教学改革的实施意见》等文件，将质量意识和质量自觉贯穿到教育教学管理、人才培养全过程，形成了浓厚的质量文化氛围。

通过日常教学检查、院系教学工作评估、毕业生跟踪调查、用人单位满意度调查等手段，对教学目标、教学资源和教学过程实施监控，精细研读新一轮审核评估指标内涵，编辑印刷系列审核评估知识读本，开展全校二级教学单位评估座谈交流会，在全校师生中牢固树立“质量是生命线”的质量价值观。

学校各单位积极主动适应学校质量文化建设的新要求，结合各单位自身的现实条件以及实际发展需求，创新建设各自的具有鲜明特色的质量文化，不断丰富衡水学院的质量文化内涵与品牌。

突出以学生为中心、以产出为导向、以持续改进为核心的先进教育理念，不断深化教育教学改革，将理念落实到教育教学全过程，内化为自觉的质量意识。构建设计各教育教学主体的实效成果转化与共享机制，大力建设由质量文化理论、实际案例、交流体验、共享参与、研究推广、质量评估等要素构成的体系化质量文化实践平台。

不断提升质量文化建设生态质量，突出政策机制激励、标杆典型示范、成效评估推广，初步构建起学校、教学单位、基层教学组织、教师、学生合力推动的质量共同体，初步形成特色鲜明的衡水学院的自觉、自省、自律、自查、自纠的质量文化。

第三篇

衡水学院转型发展的成效、经验与特色

第十二章　衡水学院治理体系与治理能力转型发展的成效、经验与特色

第一节　学校治理体系与治理能力转型发展的成效

治理体系与治理能力建设是一项以制度体系构建为基础的立体化工程。转型发展以来，衡水学院努力构建新时代大学治理的“四梁八柱”，推动内部治理与外部治理建设，进行了一次深刻的“组织变革”“机制变革”，对于建设特色鲜明的应用技术大学起到了重要的推进作用。

一、治理体系转型发展成效

学校党委坚决贯彻落实党中央、省委和市委决策部署，遵循高等教育改革发展规律，持续加强学校内涵建设，在推进治理体系建设方面取得了明显效果，进一步完善了党委常委会、院长办公会、党政联席会议事规则，推进校、院系两级管理体制改革、科级岗位设置、领导干部交流调整、绩效工资改革，试点实施人员总量控制、纪委职能“三转”、学生会改革等。凸显办学质量和办学特色，确立了“立足地方办大学，服务地方谋发展”的发展思路，与地方政府、企业和社会建立了良好的互动关系，实现了共赢发展。

（一）党委领导

着力提高党委班子成员的理论素养和政策水平，增强党委总揽全局、协调各方、依法治校理政、应对复杂局面的能力，增强党委的整体领导力。把党的领导落实到“把方向、管大局、作决策、抓班子、带队伍、保落实”上来，贯彻执行党的教育方针，坚持社会主义办学方向，坚持立德树人的根本任务。提升党委的领导能力与组织能力，健全民主决策机制。一是规范党委议事决策程序，严格执行党委会的议事范围、规则与决策程序。二是加强高校法治建设，将坚持和完善党委领导下的校长负责制作为推进依法治校的工作重点。三是始终不渝地坚持和完善民主集中制，坚持党员个人服从组织、少数服从多数、下级组织服从上级组织的原则，同时研究考虑少数意见，做到科学决策和民主决策的统一。

（二）校长负责

校长的治校能力在很大程度上影响着学校的教学、科研水平，并关乎学校的长远发展。一是转变治校理念。校领导成员主动接受现代管理理念，破除传统思想，尤其是行政化、官僚化、集权化等思想，积极学习贯彻新时代高等教育教学系列政策的精神。二是变革治理方式。实现校领导工作由程序管理、过程管理向目标管理、结果管理的转变，逐步从基础的事务性工作中解放出来，为学校的未来发展制订长远计划；不断推进教育质量的提高，实现从成本管理向质量管理的蜕变。

（三）教授治学

一是增强了教授治学的权威性，保证教授治学的合法权益，增强学术权力的合法性，促进学术权力的有效落实。二是加强了师风师德和学术道德建设。弘扬学风正气，不断增强教授的学术责任感和使命感。多措并举，进一步加大对学术不端行为的查处力度，从制度建设源头上遏制学术不端、学术腐败行为的产生。 三是发挥教授治学的作用，完善教授参与学术事务管理机制。健全学术委员会的职能，明确学术委员会成员的职责，落实和推进教授治学，增强教授治学能力和管理学术事务的能力，着力推动教授治学取得明显实效。

（四）民主管理

一是增强了教职工的民主管理意识，加强民主管理宣传，增强教职工参与学校日常管理工作的积极性与主动性。二是创新优化了师生参与学校日常管理的途径与方法，勉励校内师生充分发挥其决策、监督作用。三是完善了民主管理制度，坚持和完善党代会、工代会、教代会、学代会制度，充分保障民主管理，加强对制度运行的监督。

（五）民主监督

一是始终坚持和完善教职工代表大会制度，发挥教职工代表大会的民主管理与监督作用，充分坚持和完善纪委监察制度，履行纪委内部各主体的监督职能。二是完善了权力监督制度，在法律监督、舆论监督、党政内部监督和师生监督等层面进行制度构建、完善与创新，充分发挥制度的制约作用。三是科学、高效、透明地实现监督机构体系设置，构建党政监督、民主监督和学术监督相结合的监督机构群。四是实现了监督方式的转变，由事后监督向事前、事中监督转变，由结果监督向过程、目标监督转变，多措并举，有效推进监督工作落地落实。

（六）开放办学

一是进一步主动服务国家、地区的发展战略。推进交流合作平台建设。发挥人才智力优势，主动对接地方的经济、文化、生态发展需求。充分利用一切有利于学生发展的教育力量和社会资源，推进政产学研有机结合。二是进一步深化了国际交流合作，建立衡水学院柴可夫斯基国际音乐艺术学院，开辟了更多的中外合作办学项目，加强了与国外高水平学校在人才培养、师资提升、科学研究等方面的合作。三是加强了校际之间的交流与合作，引进优质资源，提升办学水平。

（七）法治建设

全面推进依法治校，将法治思维、法治方法贯穿办学治校全过程。以衡水学院章程为核心，构建了系统完备、科学规范、运行有效的制度体系。坚持办学优势与特色、传承大学灵魂与精神、弘扬大学文化价值、凝聚对办学理念的共识。依照“于法周延、于事简便”的理念，制定合理有效的规章制度。推进人才制度、用人制度、职称制度、考核制度改革。不断完善规章制度库建设，推进制度“废、改、立、留”的相关工作，整合形成系统、科学、规范的现代大学治理体系。

（八）文化建设

一是优化了校园环境文化的建设，推进滨湖新校区、西校区的环境建设，将校园的文化景观与校园文化软实力结合起来，增强学校景观设计的创新力，改善教学生活条件，提升校园文化建设的活力。二是规范了校园行为文化的建设，构建丰富多彩的校园生活，形成优质的校园人文氛围。三是完善了校园制度文化的建设，提倡学术自由，不断完善学校制度，为在校学生营造良好的校园氛围。四是丰富了校园精神文化的建设，加强爱国主义教育和理想信念教育，重视在日常工作中对爱校、荣校理念的宣传，加强安全教育，注重挖掘、培养学生的创造能力。

二、治理能力转型发展成效

大学治理能力是大学制度和治理体系的执行能力，治理能力的发挥要以治理体系为依托，治理体系又依赖于治理能力发挥作用。在加强治理体系和治理能力建设方面，学校完善了治理体系，不断提升治理能力。

（一）内部成效

1. 权责明确

一是实行了人员总量管理，统筹定岗、定编、定责工作。在认真调研和分析的基础上，对试点单位各岗位进行统一梳理，明确岗位设置及相应的岗位职责。在充分考虑岗位要求和个人意愿的基础上，通过双向选择，重新明确全体员工的岗位，并签订聘用合同。对竞聘工作中出现的空岗进行二次招聘。对竞聘中没有合适岗位的人员进行培训安置。推进行政、教学分离，精简行政人员，提高行政效率。建立党政管理人员非领导职务定级规定，在原有行政职务的基础上拓宽行政人员的提升空间。

二是厘清了学校与院系之间的权责边界。坚持“重心下移”，强化以二级院系为主体的校、院系两级管理模式，按照“一院一策、院为实体、权责匹配、分类支持”的基本原则，合理界定校、院系两级责权。学校工作的重点在于政策制定、宏观指导、科学评价、过程监督和服务保障，强化学院的主体职责，明确学院在人员选聘、职称评定、绩效考核、资源配置和收入分配等方面的自主权，充分调动学院的积极性、主动性和创造性，形成目标明确、权责清晰、制度规范、考核标准完善、充满活力、富有效率、激励体系健全的校、院系两级治理机制。

2. 流程科学

一方面，履行管党治党、办学治校的主体责任，确保方向正确、大局稳定，决策科学、治理有序；另一方面，支持校长依法独立负责地行使职权，保证立德树人的根本任务有效实施，保证以人才培养为中心的各项治理任务有效落实。排查各部门的业务工作流程，进行合规合法性审查和流程再优化，对烦琐的流程进行简化和压缩以提高工作效率。对存在制度和监管漏洞的流程进行完善，从制度上堵住违法违纪的缺口。

3. 强化监督

整合监督力量，形成监督合力。一是整合了专职和兼职纪检监察干部的力量。延伸监督触角，打通监督“最后一公里”，将监督工作的各项决策部署落实落细。二是整合了相关部门的力量。综合纪检监察、审计、财务、工会等部门的力量，建立和完善相关职能部门的有效衔接机制，使监督力量更集中、监督范围更广泛、监督效果更明显。三是整合了校内和校外相关部门的力量。一方面，借鉴校外相关部门的经验，安排纪检监察干部以跟班学习、协助参与监督等方式，学习校外相关部门的先进监督理念和监督方法；另一方面，借助校外相关部门的力量，遇到情况较为复杂、执行有压力、推进有阻力的监督任务时，丰富监督手段，提升监督效果。在日常监督中，因事制宜，综合运用各种监督手段进行精准监督，加强对权力的监督和制约。强化对事前、事中、事后的监督，增强监督的深度、广度和力度，提升监督效果。通过纪检监察建议书、警示教育、民主生活会等形式，深刻剖析问题，认真整改、查漏补缺，最大限度发挥日常监督的综合效用。

4. 科学考核

一是结合各类人员的岗位职责，在岗位聘用的基础上，强化了对履职情况的考核，突出体现激励效果。二是分层考核，各负其责，管理重心下移，调动了各基层工作单位的主动性与积极性，并进一步强化分层考核在整体考核中的作用。三是完善了考核指标，优化了考核内容与程序，将年度考核与履行岗位职责考核相结合，提升了考核评估工作的效率与效果。四是以学校事业发展为导向，将考核评估与学校发展相结合，建立了目标考核机制。

5. 合理奖惩

把监督考核结果与干部职务晋升、奖惩评定有效挂钩。对按制度办事、执行力强、实绩突出的干部论功行赏、提拔重用，对华而不实、肆意妄为甚至胡作非为的干部及时惩戒、严肃处理，形成了用人的正气、干事的氛围。打破以往灵活性不强的薪资制度框架，将行政管理人员的日常工作与薪资制度挂钩，并通过不断解决实际问题实现对薪资制度的调整，以保证薪资制度的科学性与合理性。

（二）外部成效

1. 正确处理与政府、企业和社会的关系

一是全方位参与政府决策，成为政府的全方位合作伙伴。积极主动参与衡水市人大、衡水市政府会议，分学科与市直各单位对接，为政府部门提供学科支持，对地方政策进行论证分析，主动承担社会责任、政府责任。二是加强社会参与管理的机制建设。改组学术委员会，建立专业指导委员会，充分发挥行业企业人员在参与讨论学校发展规划、学术事务、专业建设、经费筹措和社会服务等方面的作用，建立健全社会支持和监督学校发展的长效机制。三是面向社会和市场办学。建立健全多元治理主体参与的高等教育质量评价体系，将政府评价、市场评价和社会评价相结合，构建学校、政府和社会主动沟通、积极协调、良性互动的关系。四是整合地方资源为办学资源，立足地方政府的需求，研究衡水、服务衡水，充分利用学校的省级科研平台对衡水的政治、经济、文化、产业进行全方位的研究，推进产学研用结合，拓展丰富学校的教育教学资源。

2. 社会影响力建设

加强了科研影响力、校友影响力、媒体影响力、新媒体影响力、网络舆论影响力等 5 个维度的建设。面对负面相关的舆论舆情，采取科学冷静的应对方式，并不断总结经验，创新应对策略，切实提升对社会舆情的应对水平。一是增强了社会声誉的运营意识。二是加强了高校宣传部门的能力建设，搭建并完善宣传平台，巩固发展宣传队伍。三是重视多种媒体尤其是新媒体的运用，实现了全媒体的信息发布效果。学校先后荣获全国文明单位、群众体育工作先进单位、民族团结进步示范学校等荣誉称号。

第二节　学校治理体系和治理能力转型发展的经验与特色

一、学校治理体系和治理能力转型发展的经验

（一）坚持问题导向，明确改革的方向

在肯定成绩的同时，我们认识到，之前的治理体系与治理能力改革多是局部的，未系统化、体系化和全面化，存在的问题也比较突出。

在治理体系的改革方面，一是某些领域的规章制度不健全，凭借经验管理运作，尤其是一些单位的内部规章制度、职责和流程不够完善。二是某些

规章制度与教育教学实践相分离，没有能够做到与学校改革与发展相适应。三是宏观的制度规定较多，而具体的激励导向却不够，制度的表述和评价比较宏观，忽视了规章制度的程序性和可操作性，办学运行上存在岗位职责不清、权责界限不明而导致的动力不足、质量不高等现象。

在治理能力的改革方面，一是严格的科层式治理结构致使每一个层次都完全依赖于上一级层次，资源的获得渠道单一，尤其是二级学院，缺乏争取条件的积极性，筹措经费的灵活性，合理配置资源的主动性，办学效益不高，办学活力不够强。二是从内部的权力分配看，纵向层次上权力过于集中于学校层面，横向主体间权力过于集中于行政系统，学校和院系级的行政领导除对行政事务有决定权之外，同样决定着学术事务，在组织运行、监督考核上没有完全坚持“立德树人”的价值导向。

出现这两点问题的原因是现代化治理理念的支撑和引领不到位。一是治理理念相对陈旧，突出表现为法治理念的滞后。在推进大学治理体系和治理能力现代化建设的过程中，“人治”先于“法治”的惯性思维不同程度地存在，习惯于使用行政管理手段推进各项事务，校内的各项规章制度的法律权威性和实效性打了折扣，使依法办学、依章治校的治理目标难以实现。二是治理价值定位不够准确，利益相关者众多，“多元共治”应成为其治理体系现代化的重要价值指向。

随着高等教育现代化进程的不断推进，高等教育改革的难点和重点已经由改善外部环境，向大学内部治理结构的完善和现代大学制度的建立逐渐转移。党的十八届三中全会以来，特别是在《教育部等五部门关于深化高等教育领域简政放权放管结合优化服务改革的若干意见》颁布后，从中央到地方，高等教育领域的“放管服”改革不断深化。当前，学校面临京津冀协同发展、雄安新区设立、高等教育改革等难得的历史契机，为学校深化改革提供了新的发展机遇。

学校师生总人数已经达到 1.6 万人，原有的管理模式和管理体制已经不能够完全适应新时代学校的发展需求。当前中国高等教育发展竞争日趋激烈，学校面临着“逆水行舟，不进则退”的形势。与兄弟院校相比，学校学科专业基础薄弱、管理理念有待提升、“三校合一”的历史包袱较重，在推进内涵建设、建设特色鲜明的应用技术大学的过程中充满挑战。只有进一步深化内涵建设，持续激发学校发展的活力，学校才能更好地承担起新时期高校转型发展的使命和责任。

（二）坚持持续改进，遵循科学治理思维

一是强化政治思维。坚持党的领导，协调处理好政治权力、行政权力、学术权力、民主权利的关系，保障各类利益相关者顺畅有效地参与学校事务的决策和实施。

二是强化法治思维。将法治思维、法治观念贯穿办学治校全过程。完善以大学章程为统领的遵法依规、系统完备、权责清晰、内容规范、体现学校办学特色的大学治理制度体系。

三是强化全局意识。优化治理的组织形态，厘清各治理主体的功能定位和权责划分，建立分工明确、协同配合、上下联动、同向同行的运行机制，形成系统合力，持续释放办学活力。

四是强化信息化思维。充分利用大数据、云计算、区块链、人工智能等新兴技术，打破数据壁垒，消除信息孤岛，推进跨部门、跨领域、跨层级联动，实现协同化治理。

（三）坚持目标导向，科学制订建设目标

对标应用技术大学建设要求，完成学校内部管理体制和运行机制改革。根据精简高效的原则，调整各类机构设置，进一步明确职责范围，增强学校层面的宏观调控能力。健全校、院两级管理体制，探索建立校、院两级权力责任清单，稳步扩大二级学院的资源支配权和办学自主权，积极推进管理重心下移，职能部门逐步退出微观领域，向事中、事后监管转变，全面履行指导、服务、协调、监督职能。充分运用信息化手段，提高管理和服务能力。强化党风廉政建设的党委主体责任和纪委监督责任，建立完善密切联系群众、改进工作作风的长效机制。加大教研室等基层教学组织的建设力度，规范和完善院一级的党政联席会、学术委员会等决策平台，提高对重大问题和重要事项决策的科学性和民主性。建立和完善理事会、专业建设和教学指导委员

会制度，加强学校和地方政府以及行业企业的协同联动。实施目标责任考核机制，提升执行力、协作力。

二、学校治理体系和治理能力转型发展的特色

衡水学院于2004年由衡水师范专科学校与衡水教育学院组建升格为本科高校，2014年通过教育部本科教学工作合格评估，2016年成为河北省硕士学位授予立项建设单位。在省委、省政府和市委、市政府的正确领导与关心支持下，学校各项事业取得了进步。目前，学校正致力于建设特色鲜明的应用技术大学。学校的高效治理需要有科学、完善的机构设置，针对以往机构设置已经不能满足转型发展需要的现实，学校在机构设置上进行了富有成效的改革。

学校针对升本以来面临的教辅、科研机构严重不足，院系设置不合理，多部门联合办公情况较多，干部职责过多、工作量大等现状，按照建设应用技术大学和培养应用型人才等目标和要求，以地方大学服务社会、对接产业、整合资源、改革创新为原则，对现代大学制度下的治理结构进行了科学的设置和完善，增强了办学活力，提高了工作效率，提升了办学水平。

（一）设置特色机构

1. 高等教育研究所

学校的发展需要系统、科学的设计和规划，需要贯彻顶层设计理念，合理有效地制订和实施教育教学改革项目。学校的决策需要政策研究与参谋咨询。高等教育研究所集教育科学研究、教育政策咨询、高教研究与管理、教育学术交流于一体，为学校改革发展提供高水平、建设性、可实施的参谋和决策咨询。同时承担学校综合、重大改革项目与决策的研究论证和规划设计工作。

2. 校企合作中心

衡水学院具有鲜明的应用型、地方性等特质，设置的校企合作中心，同时也是科技成果转化中心，有利于学校实现和地方产业的充分对接，培养地

方急需的应用型人才，更好地服务衡水市的经济社会发展。该中心负责学校科技成果转化的管理工作及科技成果交流、项目对接等工作，探索科技成果向产业转移的有效机制，组织搭建科技创新平台、创业企业孵化平台、校企共建研发基地，为企业提供技术鉴定、咨询服务等。

3. 教师发展中心

教师发展是提升教师质量的重要策略，设立教师发展中心，完善教师培养培训体系，有利于提高教师的教育教学能力，提升学校的教学质量和人才培养质量。该中心负责对学校的师资状况进行分析和评估，建设科学的教师发展体系。承担全校教师的业务培训工作。组织教师开展教学竞赛、教学观摩、教学方法研讨，开展教学咨询与心理咨询服务等。

4. 教育教学质量监控与评估中心

根据《教育部财政部关于实施高等学校本科教学质量与教学改革工程的意见》《教育部关于进一步加强高等学校本科教学工作的若干意见》《教育部关于普通高等学校本科教学评估工作的意见》等文件的精神，要加强本科教学工作建设，设置教学管理运行、教学质量保障部门，对学校的教育教学质量和院系的教学管理工作行使督察、监测、考核、评估、诊断、咨询等职能。设置教育教学质量监控与评估中心，能够进一步规范学校的教育教学工作，促进教学与管理水平不断提升。教育教学质量监控与评估中心的设置，标志着学校在质量保障体系建设的进程上迈出了关键一步。

5. 国际合作与交流中心

为加强国际交流与合作，拓展国际事业，探索培养高水平应用型人才的新模式，进一步提升教育实力和影响力，目前，学校已经与 27 所国外高水平高校和科研机构建立了友好合作关系。学校的外教聘用工作顺利开展，同时，也集中选派了一批教师到美国的大学进行访学交流。学校与日本、韩国等的知名高校、科研机构联合召开国际性董学研究会议，与阿曼佐法尔大学合作联合申办孔子课堂。柴可夫斯基国际音乐艺术学院正式获批运行，成为中国北方第一家中外合作办学的音乐类本科教学机构。学校与美国中央密苏里大学合作举办数学与应用数学专业本科教育项目，填补了省内中外合作办学项目在该专业领域的空白。

6. 创新创业就业指导教育中心

创新创业教育是教育部转型发展指导意见高度重视的任务。推动大学生创新创业就业工作是深化高等教育教学改革，提升学校人才培养质量的重要途径。该中心负责推进创新创业就业教育改革和实践训练体系建设，建立健全课程体系，组织实施咨询与指导，承担创新创业相关基地的建设，同时，负责培育创新创业项目及创新创业团队、组织创新创业就业类竞赛等工作。

（二）建设特色科研平台

2015 年的《指导意见》要求应用型高校要以解决生产生活中的实际问题为导向，广泛开展科技服务和应用性创新活动，努力成为区域和行业的科技服务基地、技术创新基地。自 2013 年 6 月获批“河北省非物质文化遗产研究基地”以来，学校又先后获批了 12 个省级科研平台，其中包括服务地域生态保护与发展的河北省湿地生态与保护重点实验室、河北省湿地保护与绿色发展协同创新中心，深入挖掘和弘扬地域传统文化的董仲舒与传统文化研究中心，直接与地域经济产业挂钩的河北省果蔬发酵技术创新中心、河北省梨创新团队衡水综合试验推广站，服务城乡融合和乡村振兴的河北省城乡社会治理研究基地等。这些科研平台在科学研究、人才培养、学科发展、服务地方等方面必将发挥积极作用。

第十三章　衡水学院学科转型发展的成效、经验与特色

第一节　学校学科转型发展的成效

一、学科平台建设成效

（一）省级科研平台

1. 董仲舒与传统文化研究中心

衡水是董仲舒的故里，拥有优秀的地方传统文化和“董子文化”传承，文化的传承与创新是现代大学的重要职能和责任。以“董子文化”为代表的地方优秀传统文化是民族的，也是世界的优秀文化遗产。该研究中心在原有研究基础上整合社科资源，汇聚学科优势，突出研究特色，使衡水学院的董学研究成为知名文化品牌，衡水学院成为董学研究国际重镇，为繁荣我省哲学社会科学研究以及传承中华优秀传统文化等作出了突出贡献。该中心多年来对董子文化的深入研究有利于发挥地方高校在弘扬优秀传统文化中的重要作用，是对推动中华优秀传统文化创造性转化、创新性发展的具体体现。2022 年，衡水学院申报的“董仲舒与传统文化研究中心”，获批“河北省高等学校人文社会科学重点研究基地”，这是第二批公布的河北省高等学校人文社会科学重点研究基地。

2. 河北省湿地生态与保护重点实验室

河北省湿地生态与保护重点实验室于 2019 年被河北省科学技术厅正式列入新建省级学科重点实验室建设计划。2021 年顺利通过省科技厅验收。学校投入专项资金 1000 万元，用于实验室建设。实验室依托衡水学院生态学、生物学、环境科学等学科，以衡水湖、白洋淀等代表性的京津冀湿地生态系统为主体研究对象，围绕湿地生态系统关键生态过程、湿地生物多样性、湿地生态系统退化机理和生态修复技术等方向，基于野外调查，结合实验分析，利用数学模型和计算模拟等方法，对不同水文和人类干扰情景下关键物种种群动态变化、生物多样性群落的响应、湿地生态系统恢复、保护与管理等具体问题进行探索。

3. 河北省院士合作重点单位

2021 年 9 月，衡水学院与中国环境科学院吴丰昌院士团队联合申报了河北省科技厅 2022 年度院士合作重点单位，2022 年 1 月获批。河北省科技厅资助40万元，用于对衡水湖及其周边京津冀湿地亟待解决的重大关键技术难题，开展联合攻关，提供技术指导；协助提升衡水学院相关领域科研队伍的能力，为河北省湿地生态与保护重点实验室发展和衡水学院生态学、环境科学等学科建设提供科学指导。

4. 河北省湿地保护与绿色发展协同创新中心

2022 年，衡水学院牵头，联合中国环境科学研究院环境基准与风险评估国家重点实验室、北京师范大学生物多样性与生态工程教育部重点实验室、中国农业大学、衡水湖国家级自然保护区、衡水市生态环境局、山东理工大学、天津科技大学、河北农业大学、河北养元智汇饮品股份有限公司、蒙牛乳业（衡水）有限公司、河北省农林科学院、河北衡水国家农业科技园区等 12 家单位，成功申报河北省湿地保护与绿色发展协同创新中心。

该中心的总体目标是按照“国家急需、国内一流”“绿色发展、创新先行”的要求，根据国家生态文明建设和湿地保护与绿色发展的重大战略需求，开展基础理论、关键技术和应用研究。不断探索协同创新的体制机制，通过资源汇聚，充分发挥协同创新的平台优势和人才优势，通过连续建设，培养一支优秀的科研队伍、打造国内领先的学术高地和科研基地，提升科技创新能力，创造出具有国内与国际影响力的研究成果，并促进其在河北省内的转化，形成产业发展的引领阵地，为我省经济社会发展作出贡献。该中心拟新增投资2000万元，围绕以下重点任务开展工作：湿地生态系统退化机理和生态修复技术、生物多样性与外来入侵物种防治、区域水土资源适配和农业面源污染防控、绿色农产品开发。

5. 河北省果蔬发酵技术创新中心

河北省果蔬发酵技术创新中心于2021年8月20日，由河北省科技厅批准筹建，该中心由衡水学院牵头，河北养元智汇饮品股份有限公司、河北衡水国家农业科技园区、河北长益生物科技有限公司、万德堂（衡水）生物科技有限公司为共建单位。

该中心成立前期，果蔬发酵团队已经研发生产果蔬类产品9款，其中酵素类产品6款，树莓饮料2款，金银花水1款；参与制定行业标准：《食用酵素良好生产规范》《食用植物酵素》和《酵素产品分类导则》。在精酿啤酒方向做了大量的研发和转化工作，现已进行成果转化，转化资金400万元。该中心确定围绕果蔬发酵微生物选育技术、果蔬发酵工艺技术、果蔬发酵产品功能成分解析技术等方面展开研究。学校拟投入资金1000万元用于中心建设。

6. 河北省生态文明建设与县域经济发展研究基地

河北省生态文明建设与县域经济发展研究基地于2013年12月25日经河北省社会科学界联合会批准，在衡水学院签约挂牌成立。该研究基地以衡水学院现有学科和人才资源为依托，主要研究方向为县域经济发展研究、区域生态文化研究、生态系统与可持续发展研究和服务地方社会发展研究。其中，非物质文化遗产研究、董仲舒与传统文化研究为区域生态文化研究的两个子研究方向。

7. 河北省梨创新团队衡水综合试验推广站

2022年3月2日，由河北省农业农村厅推出的河北省现代农业产业技术体系梨产业创新团队衡水综合实验推广站落户衡水学院。该项目以阜城绿科和富源梨果两个种植基地为基础建立核心试验示范样板，完成两个综合性试验示范基地的建设；对梨品质调优示范与推广；对梨省力化、矮密化、机械化、标准化“四化”模式示范与推广；对梨新技术示范与推广。组织技术交流和培训。调查整理衡水地区梨生产与技术需求信息并协助处理相关技术问题。

8. 河北省非物质文化遗产研究基地

2013 年 6 月 8 日，衡水学院等 16 个单位被命名为“河北省非物质文化遗产研究基地”，该研究基地在进一步加强我省非物质文化遗产保护理论研究工作、发挥社会学术资源优势、探索科学的保护方式方法的背景下，根据河北省文化和旅游厅、教育厅《关于开展河北省非物质文化遗产研究基地命名工作的通知》的精神，由省文化和旅游厅、省教育厅联合评选。

9. 河北省城乡社会治理研究基地

河北省城乡社会治理研究基地于 2022 年 12 月 30 日正式获得河北省社会科学院、河北省社会科学界联合会批复。这是学校继 2013 年获批“河北省生态文明建设与县域经济发展研究基地”之后的又一社科基地，标志着学校的哲学社会科学研究水平得到了社会科学界的认可。基地主要依托学校政治学、社会学、管理学、法学、经济学等学科专业优势以及校内外优质资源，围绕河北省城乡基层治理实践，开展科学研究、人才培养、学术交流、社会服务等工作，共同致力于提升县域城乡治理水平和开展乡村振兴相关研究，为河北省经济社会全面发展提供有效的学术支撑和智力支持。“十四五”期间，基地将以培育标志性科研成果为己任，以河北省城乡社会治理研究为重点，开展前沿问题和实践问题的应用型研究，为构建更加有效的河北省城乡社会治理体系提供智力支撑，以高质量成果为河北省经济社会发展作出更大贡献。

（二）非实体性研究机构

2018 年 3 月，依据《衡水学院 2018—2020 年学科建设发展规划》《衡水学院非实体性研究机构管理办法》等文件的要求，以“符合学科和经济社会发展需求，具有相对稳定的研究方向，处在学科前沿或有产业前景，具有明确的中长期发展规划”为导向，学校设立了第一批非实体性研究机构，共有 27 个。

2021 年 9 月，依据转型发展需要，在学校建设特色鲜明的高水平应用技术大学的发展定位指导下，本着“打造学科高地，服务地域发展”的原则，在对校内原有非实体性研究机构进行考核、撤并的基础上，学校组织了新一轮校内非实体性研究机构的申报工作，重点支持与地方经济社会发展密切相关的应用型学科，目前学校有非实体性研究机构 32 个（见表 4）。

表 4　衡水学院非实体性研究机构

序号	研究所名称	挂靠单位	研究方向
1	软件开发研究所	数学与计算机学院	数据库应用
			计算机视觉
			计算机网络
2	应用数学研究所	数学与计算机学院	数据分析及数学建模
			数学教学研究
3	应用化学研究所	化工学院	无机纳米功能材料
4	机电研究所	电子信息工程学院	电机及控制
			PLC 控制
			人工智能
5	多足动物研究所	生命科学学院	多足动物分类与应用
			多足动物系统发育与演化
6	衡水学院酵素研究所	生命科学学院	发酵工程
			营养食品的开发研究
7	衡水学院发酵中药研究所	生命科学学院	发酵中药研究
			药食同源产品开发
8	衡水市健身研究所	体育学院	健身培训与指导
			健身项目更新拓展研究
			衡水市健身发展规划
9	衡水市五人制足球运动发展研究中心	体育学院	五人制足球基本战术
			五人制足球专项身体训练方法
			五人制足球规则及裁判法
10	衡水市校园足球研究所	体育学院	足球教学与训练
11	中小企业管理与发展研究所	经济管理学院	电子商业与企业信息化
			人力资源与企业管理
			贸易与经济管理
12	信息资源管理研究所	经济管理学院	科技信息资源计量理论、方法与应用研究
			信息资源开发利用与经济发展研究
13	广告经营与管理研究所	文学与传播学院	广告学
			传播学
14	比较文学与比较文化研究所	文学与传播学院	中外文学比较研究
			文化传播

（续表）

序号	研究所名称	挂靠单位	研究方向
15	民间文化研究所	文学与传播学院	传统文化
			民俗文化
		公共管理学院	地方文化、地方志
			年画技艺
			政府管理
16	基层治理创新研究中心	公共管理学院	乡村治理
			城市治理
			基层政府与社会组织
17	社会工作研究中心	公共管理学院	社会工作理论与实务
18	应用翻译研究所	外国语学院	翻译教学
			典籍翻译
			行业翻译
19	东亚文化研究所	外国语学院	日本文化
			韩国文化
			东亚跨文化研究
20	衡水地区口述史研究所	马克思主义学院	思想政治理论课教学
			衡水地方文化
			校史研究
21	思政课创新发展研究所	马克思主义学院	马克思主义理论学科建设研究
			思政课学教学内容与方法
			课程思政内容与方法
22	乐器修造产业研究所	音乐学院	各类乐器制造工艺优化改进
			乐器维修技术规范化、产业化研究
			乐器以及相关零部件研发
23	衡水民间音乐与舞蹈研究所	音乐学院	民间音乐研究
			民间舞蹈研究
			非物质文化遗产研究
24	教师教育发展研究中心	教育学院	中小学教师教育政策发展与研究
			“互联网＋”教师教学发展研究
			经济欠发达地区基础教育教师教育资源整合与流动研究
25	SID（服务革新设计）研究所	美术学院	规划、策划类服务设计
			美丽乡村类服务设计
			文化品牌类服务设计

（续表）

序号	研究所名称	挂靠单位	研究方向
26	动漫研究所	美术学院	动画基础
			游戏动画
			影视动画
27	中国现实主义绘画研究所	美术学院	中国现实绘画与研究
			国家重大题材现实主义表现研究
			衡水地域文化与绘画艺术的融合研究
28	品牌管理与创新驱动研究所	美术学院	品牌设计与管理研究
			品牌设计驱动创新性发展研究
			空间文化、公共视觉文化、创意产品设计研究
29	建筑景观研究所	美术学院	建筑设计及其理论
			生态景观规划设计
			园林艺术与设计
30	创意设计协同创新中心	美术学院	地域文化与现代设计关系研究
			品牌塑造与传播研究
			产品设计与制造研究
31	生态文化研究所	科研处	生态文化建设与发展的实践探索与测度研究
			生态文化发展与建设的基础理论研究
32	大学生就业与创业研究所	学生处	大学生就业创业

二、学科制度建设成效

学校自转型发展以来，注重强化以文、理为基础，工、教、经、管、艺等多学科协调发展的学科体系，聚焦智能制造、健康产业、化学化工等领域，进一步优化学科结构，打造特色学科群。优先培育教育、资源与环境、生物与医药等学科，力求实现跨越式发展，建设专业硕士学位授权点；重点发展健康产业、智能制造、制造系统等相关学科，实现错位式发展，力争成为学校学科发展新的增长点；培育董学研究等学科，形成学科优势和特色。

（一）加强了组织领导，理顺了管理体制

健全学科建设的领导和决策机构。坚持党委对学科建设的坚强领导，成

立由主要领导牵头的学科建设领导小组，对学科建设进行宏观调控与统筹协调。理顺各二级学院的学科建设组织体制，落实二级学院的学科建设自主权，让二级学院真正成为学科建设的直接主体，学校负责宏观的学科建设规划、进行统筹协调和管理。重组了衡水学院新一届学术委员会，让学术委员会在学科专业建设、学位点建设等方面发挥更大作用。健全并完善学术道德规范，为学科建设工作创造良好的学术环境。

（二）实施绩效管理和动态评估

建立学校学科发展数据库，强化对学科建设绩效基本状态的常态监测。建立学科建设评估机制，构建科学、合理、可行的学科建设评估体系，及时发现学科建设中存在的隐患，调整学科建设的方向，为健全学科竞争机制创造有利条件，合理配置学科建设资源。完善动态评估制度，紧紧围绕遴选认定的重点建设学科，对它们进行动态监测，及时跟踪指导，制定科学合理的绩效评价办法，及时跟进开展中期和期末评价，提出评价意见，增强建设实效。与此相配合，为了打破重点建设学科身份固化，建立建设学科“有进有出”动态调整机制，在对目前确立的重点建设学科进行评估的同时，对未入选的优势学科进行备选评估，采取限额申请的办法。在评估指标上，从聚焦核心要素转向更加重视系统整合，注重对学科理念、学科文化、学科制度、学科认同、学科责任等“软实力”的强化和引领。

（三）加强了硬件条件保障

健全以信息化为导向的公共服务保障体系。以校园网络为骨干，全面加强信息系统建设，搭建一个支持高层应用的共享数据平台，实现校内各种业务信息系统的互联互通和数据共享，为学科建设提供便捷的信息服务。未来将进一步加强图书文献资源建设，切实满足各学科教学、科研的图书文献需求，特别是重点学科、新兴学科和各类专业课程建设的发展需要，形成学科结构合理的文献资源体系。不断完善学校的教学设施建设，在原有基础上增加设施先进、类型多样、适合学科建设工作开展的教室、实验室或工作室，提高教学科研的硬件设施水平。

三、学科队伍建设成效

按照建设特色鲜明的应用技术大学的发展定位，学校通过广泛调研、扩大对外合作等方式，精准对接京津冀经济社会发展需求，加强学科梯队建设。围绕学科方向，依托学科带头人、学术带头人管理机制，建设具有较高研究水平和技术开发能力的学科骨干队伍。

（一）培养与引进相结合，打造了一批学科带头人队伍

在打造学科带头人方面，学校坚持培养和引进并重，积极培养在地学科带头人，整合地域优势资源，调动大部分教师与科研人员的积极性；大力引进高水平学科带头人，提高学校整体的声望、科研水平，打破陈旧的学术生态。目前学校共有学科带头人 31 人，在争取国家重大项目、学科团队建设、贡献高水平科研成果、助力区域经济社会发展等方面均发挥着积极作用。

（二）放权与督导相结合，建立了良好的学科生态

在学科发展方面，充分放权给二级学院，围绕专业设置，充分发挥学科建设的龙头作用，更好地增强学科建设对专业建设的支撑作用。在校级层面，重视督导和方向引领，以地域特色和区域发展重大需求为立足点，加快建设重点发展的应用型学科和学科群。在学科布局的政策引领上，坚持以跨界、交叉、融合为导向，打破传统院系设置壁垒，优化学科布局，打造横向上以基础学科为支撑、以应用学科为主干、多学科交叉融合，纵向上以一流学科为引领、多层级重点学科有序竞争、相互促进、协调发展的学科群，形成对地方经济社会发展重点需求领域的有效覆盖①。在评估理念上，从围绕学科点转向更加关注学科体系。为了充分发挥学科整体系统的功能，学校的学科评估不仅着眼于优化学科系统的比例与结构，还关注与学科点相关的学科群，由点到群，再到学科网，最终引导学校建立起了良好的学科生态。

---

① 陈光亭，周良奎 . 地方一流应用型大学建设路径研究 [J]. 高等工程教育研究，2020（4）：124-230.

（三）“走出去”与“请进来”相结合，培养了良好的学科氛围

加强“双师型”教师队伍建设，鼓励教师“走出去”。通过与企业的项目合作、技术研发、挂职锻炼等多种形式，不断提高教师的实践教学和科研能力。积极从行业企业、高校和科研院所聘用专业素质高、实践经验丰富、教学能力强的高级工程技术人员、管理人员作为兼职教师，把行业教师“请进来”。加强环境建设，形成有人才凝聚力的培育机制。努力建设形成浓厚的学术氛围和良好的人文环境，倡导尊重知识、尊重能力，在学校与企业、教师与教师之间建立一种良好、和谐的人际关系，互相信任、尊重、支持。在学科建设过程中，学校既在纵向上关注因为解决实际问题在原学科基础上衍生出来的线性学科群，也在横向上考察相邻学科融汇出来的相关学科群，甚至是互不相关的学科交互形成的交叉学科群，从而发现和发展交叉领域新学科，引领和维护学科群落的健康发展，形成纵横联合、支撑互补的学科群，营造了衡水学院动态、多样、共生、和谐的学科氛围。

第二节　学校学科转型发展的经验与特色

一、学校学科转型发展的经验

（一）立足地方谋发展

作为地方应用型院校，衡水学院把办学思路真正转到了服务地方经济社会发展上来，坚持“办学定位服务地方、人才培养面向地方、科学研究围绕地方、文化传承引领地方”，推动与行业、企业以及地方政府的深度合作，努力构建以知识、文化和技术创新为核心的校企发展共同体，提升服务区域经济社会文化发展能级。与地方经济社会发展紧密结合，学校主动把握新技术发展动向，紧紧围绕新兴产业和经济发展战略，发挥对接区域需求的科学研究和技术研究能力优势；依据区域优势开展区域产业、教育资源的整合，建立紧密对接产业链、创新链的专业体系，推动优势学科群与新兴产业链的紧

密结合；融入技术创新体系，支持技术创新，为行业企业升级换代提供技术和智力支撑；专业调整以及专业的开设与区域经济发展需求紧密结合，加强应用型学科建设，提高学科建设与地方经济社会发展的匹配度，推进形成产业与教育的共生共享生态圈。

（二）集中力量办大事

在“双一流”建设等诸多挑战下，学校立足京津冀、冀东南区域发展重大需求，加强应用型学科和学科群建设，充分发挥统筹资源的领导力，灵活运用有限资源调动学科发展的积极性和创造力，使其在落实立德树人根本任务、适应区域经济社会需求等方面发挥引领作用。通过重点建设省级、校级重点学科，全力培育一级学科，带动该一级学科下的二级学科的建设与发展，实现学科建设由“点”到“线”的过渡。同时，关注学科领域的均衡化发展，“扶强”的同时也关照“扶弱”，在整体学科发展布局上找短板、补短板，进一步缩小重点学科与非重点学科的差距，促进不同类型、层次和区域的学科建设协调发展，实现学科建设“有差异的平衡且又充分的发展”。在此基础上实现跨学科、交叉学科、新兴学科的“面”的建设，完成高校与企业、政府、社会这一综合服务主体的高质量联结，达到应用型大学人才培养和学科发展“取之于地方，用之于地方”的理想效果，最终形成适应地方经济社会发展的一流学科体系和可持续发展的应用型学科生态。

（三）风物长宜放眼量

学科建设与学科发展是一项漫长的系统工程，学校制定了具有制度柔韧性的中长期发展规划，具体而言，学校到 2025 年，重点建设省内领先、国内一流的优势学科，面向 2035 年，基于 5 个综合交叉学科群培育新的学科增长点，为未来发展奠定基础；面向更长远的未来，以地域传统文化研究（董学研究）和地域生态保护研究（衡水湖湿地研究）两个重大领域为导向，推进学科布局整体调整。重点布局若干学科交叉领域，构建网络化学科结构和教师聘任体系，着力使跨学科合作常态化，建立跨学部学科协调机制，通过学科间的良性互动建立起特色鲜明的互为支撑、互相推进的学科体系。发挥多学科优势，通过智库建设、规划咨询、科技支撑等方式服务经济社会发展，积极参与京津冀协同发展、雄安新区建设等国家重大战略部署。

二、学校学科转型发展的特色

（一）精准把握地域资源，打造特色学科高峰

学校汇集优势学科力量，全力推进具有衡水本地特色的董仲舒研究及衡水湖湿地研究，成功搭建董仲舒与传统文化研究中心、湿地保护与绿色发展协同创新中心、河北省湿地生态与保护重点实验室等河北急需、国内一流、成果丰硕的优秀科研平台，一方面为衡水学院内涵建设和转型为应用技术大学奠定良好基础，另一方面将前沿的科学技术转化为现实的生产力。

（二）灵活创新组织结构，建设优质学科生态

创新组织结构形式，打破基层学术组织的封闭性，促进校内资源整合和跨学科发展。进行学科制度改革与调整，推动学科体系从强分类走向弱分类，增强基层学术组织的开放性，促进学科的交叉与融合，特别是顺应知识生产模式转型趋势，推动由以单科研究为主的“单打独斗模式”向以交叉学科研究为主的“合作共赢模式”转型发展，建设跨学科和跨组织边界的“学术共同体”和“无边界组织”。通过高层次人才论坛、博士沙龙、非实体性研究机构等对跨学科科研机构体制机制的探索，有效促进了高层次人才间的跨学科交流，激发了教学科研团队在探索跨学科前沿领域的热情，在一定程度上打破了学科、院系间的壁垒，有力推动了资源配置和学科结构的优化调整。尤其是各级科研平台在跨学科科研团队组建中积极动员，形成了专业范围广泛、学科构成多元的“项目式”科研合作氛围，极大丰富了学校的学术生态。

（三）科学布局学术梯队，谋求学科长远发展

学科建设成功的关键是拥有一支研究方向稳定、学术造诣深厚、能团结带动一班人进行教学和科研的学科带头人队伍，以及结构合理、爱岗敬业、

团结协作的学科梯队。在学科带头人选拔方面，学校的遴选标准为：学术造诣高，视野开阔，能够全面把握世界学科发展趋势，开展高水平的学术研究，带领本学科始终走在学科发展的前列；德高望重，具有较强的组织管理能力，能够团结带领大家开展协作攻关；善于选拔、扶植与培养学术带头人和学术骨干等。对选定的学科带头人，实行岗位责任制管理，明确职责，定期考评。在中青年学术带头人和学术骨干队伍建设方面，同样采取培养与引进相结合的策略，选取道德水平高、业务学习能力强、年龄结构合理的青年教师到国外或国内一流高校进修、攻读学位；同时制定优惠政策逐步吸引一批高水平人才；校内则通过在职培养，如重点支持或“以老带新”等方式，促进一批青年教师成长。

第十四章　衡水学院专业转型发展的成效、经验与特色

第一节　学校专业转型发展的成效

一、专业布局成效

专业建设在高等学校的整体教育教学体系中占据着极为重要的地位，是高等学校教育教学建设与改革进程里的重要环节。它不仅是高校切实落实自身办学定位以及开展人才培养工作的重要依据，深刻影响着高校在学科规划、师资配备、课程设置等多方面的决策与布局，而且对高校在新时代背景下适应社会需求、推动产教融合从而实现转型发展起着不可或缺的重要作用。

衡水学院按照学校顶层设计的要求，以应用型人才培养、地方经济社会发展需要为导向，建立了产学研密切结合的学科专业运行机制，及时进行学科专业布局的动态调整，并按照《衡水学院专业动态调整管理办法》，建立了专业动态调整机制。

衡水学院在被确定为转型发展试点院校以来，在专业布局（见表5）上取得了以下成效。

自获批河北省转型发展试点院校以来，学校密切跟进区域特别是衡水市人工智能行业领域、网络与新媒体领域、衡水安平“中国马业名城建设”等的人才需求，已增设学科交叉与融合的应用型本科专业6个。根据培养国际化人才的需要，新增3个中外合作办学专业。结合康养类人才需求，已新建4

个医学类相关专业。基本形成了以文、理基础学科专业为支撑，工、教、经、管、艺等应用类学科专业为重点，多学科协调发展的学科专业体系。

学校以区域经济社会对人才的需求为导向，制定了衡水学院“十四五”专业建设发展规划，紧密对接衡水“3+2”主导产业，“9+5”县域特色产业集群，按照产业链、创新链和人才供给相协调的原则，培育了环境与大健康类、工学与人工智能与制造类、贸易物流与管理类、文化与艺术类、教师教育类五大专业集群，形成了横向有对接、纵向相贯通的专业布局。全方位对接地方经济社会发展，深度融入地方产业发展，发挥专业集群的突出作用，成为地方经济社会发展的亲密伙伴。

表5　衡水学院专业布局

专业	专业群	服务的区域产业	
		衡水市	河北省
环境生态工程、生物技术、园林、环境设计、食品质量与安全、中草药栽培与鉴定、社会体育指导与管理、康复治疗学、休闲体育、应用心理学、健康服务与管理、智能医学工程	环境与大健康	食品及生物制品、冀州医疗器械产业集群	生物医药健康
计算机科学与技术、智能科学与技术、物联网工程、应用统计学、信息管理与信息系统、网络工程、应用化学、高分子材料与工程、化学工程与工艺、电子信息工程、机械电子工程、建筑电气与智能化	人工智能与制造	数字信息安全、高端装备制造	信息智能、高端装备制造
国际经济与贸易、人力资源管理、物流工程、财务管理、电子商务、经济与金融、城市管理、商务英语、日语、翻译、社会工作、政治学与行政学、行政管理	贸易物流与管理	商贸、物流	现代贸易物流
广播电视学、广告学、广播电视编导、播音与主持艺术、网络与新媒体、航空服务艺术与管理、数字媒体技术、视觉传达设计 、产品设计、绘画、动画、音乐表演、舞蹈学、舞蹈表演	文化与艺术	文化传媒、旅游	文体旅游
汉语言文学、英语、汉语国际教育、数学与应用数学、物理学、化学、生物科学、音乐学、体育教育、美术学、学前教育、小学教育、思想政治教育	教师教育	中小学、幼儿园教师	教育

二、专业建设成效

（一）规范中创新，专业建设与管理机制日趋完善

学校积极探索新时代加快本科教育、强化应用型人才培养的新理念、新标准、新路径和新机制，施行校、院、教研室等基层教学组织三级教学管理体制，成立了校、院专业指导委员会，制定了《衡水学院专业指导委员会章程》，吸纳了来自地方、行业企业的人员担任委员，其占比超过专业指导委员会人员总数的50%。专业指导委员会通过跟踪学生就业、区域行业产业人才需求，科学调整专业，多维度开展专业建设和人才培养等工作，促进了学科专业建设与社会需求紧密对接，指导实施校企合作、产教融合和地方服务工作，形成了校、企、政共同参与、协同育人、共同推进落实的专业建设与管理机制。

（二）培育优势特色专业，一流本科专业建设结硕果

学校在原有的校级特色专业、校级重点专业基础上，以新工科、新农科、新文科建设为引领，立足区域行业企业人才需求，深化转型发展，提升人才培养质量，凸显应用型特色，深化内涵建设，打造区域优势特色专业。深入实施"双万计划""六卓越一拔尖"计划，扎实推进一流本科专业建设。通过引导各本科专业严格依照教育部《普通高等学校本科专业类教学质量国家标准》、各类专业认证标准及国家一流本科专业建设标准进行建设，培优助强，遴选推荐并获批了河北省一流本科专业建设点16个，涉及文学、理学、工学、教育学、经济学、法学、管理学、艺术学等8个学科门类，分属中国语言文学类、外国语言文学类、数学类、化学类、生物科学类、电子信息类、计算机类、环境科学与工程类、教育学类、体育学类、经济与贸易类、政治学类、马克思主义理论类、工商管理类、美术学类、音乐与舞蹈学类等16个二级大类专业，其中省级一流本科专业建设点中有师范类专业10个，约占省级一流本科专业建设点总数的62.5%。校级一流本科专业建设点20个。获批省级一流课程系列建设项目7项。学校的省级、校级一流本科建设点如表6所示。

表 6　衡水学院省级、校级一流本科专业建设点一览表

序号	专业名称	省级 / 校级一流本科专业
1	生物科学	省级一流本科专业、校级一流本科专业
2	学前教育	省级一流本科专业、校级一流本科专业
3	电子信息工程	省级一流本科专业、校级一流本科专业
4	国际经济与贸易	省级一流本科专业、校级一流本科专业
5	计算机科学与技术	省级一流本科专业、校级一流本科专业
6	体育教育	省级一流本科专业、校级一流本科专业
7	英语	省级一流本科专业、校级一流本科专业
8	化学	省级一流本科专业、校级一流本科专业
9	汉语言文学	省级一流本科专业、校级一流本科专业
10	数学与应用数学	省级一流本科专业、校级一流本科专业
11	政治学与行政学	省级一流本科专业、校级一流本科专业
12	音乐学	省级一流本科专业、校级一流本科专业
13	人力资源管理	省级一流本科专业、校级一流本科专业
14	美术学	省级一流本科专业、校级一流本科专业
15	思想政治教育	省级一流本科专业、校级一流本科专业
16	环境生态工程	省级一流本科专业、校级一流本科专业
17	社会体育指导与管理	校级一流本科专业
18	应用化学	校级一流本科专业
19	生物技术	校级一流本科专业
20	应用心理学	校级一流本科专业

（三）以区域人才需求为导向，专业设置与社会需求契合度不断提升

近年来，学校基于对区域产业发展趋势的敏锐洞察与深度剖析，积极对接区域产业需求，主动面向新一代信息技术等关键技术领域、人工智能等前沿交叉领域、服务业等重大民生领域，进行专业设置的精准调研与论证，新增智能科学与技术等契合科技发展潮流的专业，航空服务艺术与管理、休闲体育等紧扣现代服务业的专业，系统性地对专业设置进行了新的调整与优化。这些举措使学校的专业布局能够紧密对接区域产业链的各个环节，形成有机衔接与协同发展的良好格局，从而更加高效地服务地方经济，为地方的产业升级、经济结构优化等提供强有力的智力支持与人才保障。

三、专业认证与评估成效

（一）专业认证成效

学校的 63 个本科专业中有 13 个师范类专业，其中生物科学专业顺利通过教育部师范类专业二级认证，思想政治教育、数学与应用数学，体育教育专业顺利通过省级师范类专业二级认证并接受了教育部师范类专业二级认证。学校秉承“守正出新”的校训和“进步教育”的理念，围绕“振兴教师教育”“优师计划”等改革发展方向，多次开展专题研讨和动员。全面落实立德树人的根本任务，进一步明确师范类专业进行新时代卓越教师培养的目标，将“以学生为中心、以产出为导向、持续改进”的教育理念融入师范类专业人才培养的全过程。

学校坚持师范认证的“主线”引领，恪守师范认证的“底线”规范。严格对标，确定专业培养目标、毕业要求和课程目标，不断加强教师队伍等办学条件的支撑力度和师范类质量保障体系与反馈机制的建设。学校大规模调修了人才培养方案，不断完善课程体系。师范类专业人才培养目标从宽泛的“通用教师”培养，细化为“区域中学学科、小学、幼儿园等从事具体工作的骨干教师”；培养规格从抽象的“思想道德、通识、专业素质”要求，持续改进为覆盖“师德规范”等 8 个一级指标的毕业要求；课程体系逐步优化，初步探索形成的“平台 + 模块、学科专业 + 师范有机融合，全程实践 ”是我校师范类专业的人才培养模式。同时，不断强化对师范生实践技能的培养，学校师范类专业实践学分平均已达到 40% 以上，教育实践的“一训三习”，即专业见习、教育实习、教育研习，已超过了 18 周。通过一系列的改革，学校师范类毕业生考取教师资格证的比例和就业于师范类岗位的比例逐年提高，专业培养目标与培养效果的达成度稳步提升。以专业认证为抓手，师范类及各其他类专业的内涵建设与人才培养质量不断提高。

（二）专业评估成效

依据《教育部关于普通高等学校本科教学评估工作的意见》和《河北省

教育厅关于加强高等学校本科教学工作的若干意见》的要求，制定了《衡水学院专业评估实施办法》，建立了本科专业评估制度，以专业为单位开展专业评估工作。重点考察评估专业培养目标与培养效果的达成度、专业定位与社会需求的适应度、教师及教学资源的支撑度、质量保障体系运行的有效度、学生和用人单位的满意度等，以此促进学校的专业建设和教学改革，为高水平本科教育建设打下了坚实的基础。

学校以二级教学单位教学负责人、专业负责人以及骨干教师为主要培训对象，邀请校外专家进校开设专业建设专题讲座，对专业评估相关文件、专业建设与规划等进行详细的解读。各专业分别从专业培养目标与培养方案、教师队伍、教学基本条件及利用、专业教学、教学管理、教学效果等6个维度，认真开展专业自评自建工作，梳理专业开设现状，总结专业特色和建设成效，查找问题，提出整改方案和措施。

通过专业评估，学校对专业进行了全面的梳理，促使各专业明确了“十四五”专业建设和转型发展的方向。通过专业评估，学校有效地促进了专业进行合理定位，推进了教学改革，引导专业办出了特色，提高了人才培养质量，实现了教学质量常态化监控，使学校的专业结构不断进行调整与优化，从而更好地服务地方经济社会发展。

第二节　学校专业转型发展的经验与特色

一、学校专业转型发展的经验

（一）积极推进协同育人的人才培养模式

创新人才培养模式，构建“五育并举，通专结合，实践贯穿”的课程体系，改革教育教学内容，突出专业特色，立足地方，服务社会，推动校企合作办学、合作育人、合作就业、合作发展，为区域经济社会发展持续输入高素质应用型人才。进一步优化专业结构，发挥跨学科专业集群优势，推进现代产业学院的建设，努力形成与行业、区域经济社会发展相适应的人才培养模式。

围绕职业岗位要求和职业发展需求对人才培养方案进行了调整和优化。以能力培养为核心，重构课程体系，加大实践教学比重，促进学生应用能力的有效发展。以应用能力培养为主线，推进教学模式改革。强化实践教学，突出实践教学、企业实训、项目教学和毕业设计等环节，大力提高实践课程项目来源于真实案例的比例。对接就业单位需求，完善学生校内实验实训、企业实习实训制度，改革实践教学评价方式，保障实践教学效果，提升就业率，切实强化多元协同的应用型人才培养模式。

（二）持续建立健全适应新时代发展的基层教学组织

根据学科专业特点，紧紧围绕人才培养要求，按照利于教学活动组织与管理、利于抓好人才培养工作的原则，完成对原有基层教学组织的梳理，新建教学组织的申报、认定备案等工作。将所有从事本科教学工作的任课教师和教学辅助人员全部纳入一个或多个教学组织，形成结构合理、功能健全、运行高效的基层教学组织体系，并在教育教学、专业建设、课程与教材建设、青年教师培养、教研教改活动等方面发挥重要的作用，培育形成了全校上下重视教学、热爱教学、研究教学的质量文化。

（三）推进课程与教学改革，促进转型发展

在原来的教学内容的基础上，进一步加强对应用能力的培养。积极改革课程的评价方式，重视课程的过程性考核，邀请知名教授做专题讲座，从课程设计、实施、评价反馈等方面为老师展示“以学生为中心”的教学过程所带来的课堂效果和学生学习效果。结合岗位需求，做到实践实训训练项目与企业分岗位无缝衔接，提升学生的岗位适应能力。以学科竞赛为抓手，加强对学生的创新创业和实践能力的培养，坚持以赛促学、以赛促教、以赛促改、以赛促创，促进专业发展。以 OBE 理念为引导，在教学内容的改革上，面向职业和实践，及时增加行业企业领域的教学内容；在教学方法的改革上，以案例教学为突破，运用讨论式、启发式、探究式等多样化的教学方式方法促进学生自主学习、主动发展；在学习评价与考核方式的改革上，推行多样化

的考核方式，注重过程考核，突出学生的主体地位。

（四）高度重视实验实训

学校高度重视实践教学基地和实验实训室建设，在实习实训设施完善、平台和基地建设、实验室环境优化、规章制度完善等方面不断加大力度。近两年新增师范生基础教育技能实训中心 1 个，新增实验实训室面积 900 平方米，新建各类实习基地 26 个，新建和更新校企共建实验室 6 个，总计投入 650 万元。新增实验实训仪器设备总值 1400 余万元。滨湖新区一期工程建设即将完工，学校将加大教学科研仪器设备投入，提升实验实训室建设水平。

大力推进实践教学资源建设，构建实验实践教学管理体系，实现以校内实验中心（基地）、校外实践教学基地并举的“一院一中心、一专业多基地”的建设格局。学校现建有河北省湿地生态与保护重点实验室、3 个省级实验教学示范中心、14 个校级实验（训）中心、422 个校级实验（训）分室，承担全校的实验教学任务。现有教学科研仪器设备总值 1.93 亿元，专、兼职实验人员 113 人，实验室开放率达到 86.6%。建有校外各类实习实训基地 332 个。积极探索多层次、多方面的共建实验室模式，现有校企共建实验室 10 个，总资产达 2000 余万元，行业、企业参与的实验室项目 87 项。《衡水学院毕业论文（设计）规范及管理办法》规定，选题应来自真实任务，与教学、科研、区域基础教育改革以及社会经济发展相结合。学校近三届本科毕业论文（设计）选题来自真实任务的占比均超过 50%，其中，2021 届为 84.0%、2022 届为 89.2%、2023 届为 85.4%。

二、学校的优势特色专业

学校的专业在转型发展的过程中形成了下面的一批具有代表性的优势特色专业。

1. 生物科学专业

本专业为省级专业综合改革试点、省级一流本科专业建设点、校级一流本科专业建设点、校级特色专业、校级重点专业，通过教育部师范类二级专业认证。依托衡水优越的基础教育资源和衡水湖湿地的优势资源，建立并完善高校、地方教育行政部门和中学“三位一体”协同培养机制，培养具有环境保护和生态文明理念，较强的实践技能、创新精神和社会服务能力的适于区域需求的高素质中学生物学教育人才。

2. 英语专业

本专业为省级一流本科专业建设点、校级一流本科专业建设点、校级重点专业。以四年不断线、分级、递进的实践教学体系为平台，以高校、地方教育行政部门和中学“三位一体”协同培养为培养机制，探索出“三习、三环”师范类专业实践育人模式，初步实现了师范生职前职后教育的一体化。

3. 计算机科学与技术专业

本专业为省级一流本科专业建设点、校级一流本科专业建设点、校级重点专业，是省人工智能现代产业学院的主要依托专业。坚持“以学生为中心、以产出为导向、持续改进”的教育理念，以“实践 + 竞赛 + 科研”为引领，加强校企合作，推动产教融合，服务区域经济社会发展，建立多平台应用型人才培养体系，培养高素质应用型专门人才。

4. 化学专业

本专业为省级一流本科专业建设点、校级一流本科专业建设点、校级重点专业。以社会需求和学生全面发展为导向，依托衡水市优越的中学教育资源，采用以学生“学”为中心的教学模式，一、二年级注重化学学科知识、理论的培养，三年级突出教学设计、教学技能的训练，四年级在教育实习实践中锻炼化学教学、班级管理能力，初步形成了“具有厚实化学教育教学积淀，突出中学化学教学技能培养”的专业特色。

5. 学前教育专业

本专业为省级一流本科专业建设点、校级一流本科专业建设点、校级特色专业、校级重点专业。拥有省级教学名师、省级教学团队、省级精品课程及特色综合性实践基地。注重学生专业素养及综合实践能力的培养，构建了全方位、立体化、校内外双循环的实践教学体系，有效实现了高校、地方教育行政部门和幼儿园“三位一体”的人才协同培养机制。

6. 国际经济与贸易专业

本专业为省级一流本科专业建设点、校级一流本科专业建设点、校级特色专业、校级重点专业。根据培养目标设计学生应具备的知识结构和能力要求，并结合社会及行业需求加强对学生的实践能力、创新能力的培养，构建以培养目标达成度为导向的符合社会和行业需求的应用型外贸人才培养模式。强化对学生应用能力的培养，全方位搭建实践教学体系，实现人才培养与社会和企业岗位需求零距离对接，彰显“实践、实用、实干”的专业育人特色。

第十五章　衡水学院人才培养转型发展的成效、经验与特色

第一节　学校人才培养转型发展的成效

一、制订了应用型专业人才培养方案

学校出台了《关于制订〈2021 版本科专业人才培养方案〉的指导意见（试行）》，坚持“以学生为中心、以产出为导向、持续改进”的理念，构建了“五育并举，通专结合，实践贯穿”的课程体系。

各专业在广泛调研和充分论证的基础上，严格对照国家标准、专业认证标准，制订适应区域新产业、新业态、新技术、新模式、新发展需求等的应用型专业人才培养目标，就培养目标、毕业要求、课程目标等开展广泛的社会调研、分析，组织行业企业、高校专家等相关利益方对专业人才培养方案进行研讨和论证，参考专业教师、用人单位、往届毕业生等利益相关方的意见，共同修订人才培养方案。

学校的人才培养方案修订坚持持续改进，提出明确、公开、可衡量的毕业要求，从专业定位与社会需求的适应度出发，绘制“毕业要求与课程支撑矩阵图”“课程体系与毕业要求关系矩阵图”，进行培养目标、毕业要求合理性、达成情况评价，为人才培养方案持续改进提供事实依据。

二、着力推进课程思政与教学建设项目

为贯彻全国教育大会、新时代全国高等学校本科教育工作会议、全国高校思想政治工作会议精神，把思想政治工作贯穿教育教学全过程，有效推进学校课程思政工作深入开展，构建学校“十大育人工程”的大思政格局，促进思政教育和专业教育的有效融合，学校制定并颁布《衡水学院“课程思政”建设实施方案（试行）》《关于全面推进课程改革的实施意见（试行）》《衡水学院精品在线开放课程建设管理办法》等课程改革与建设文件，提升课程建设质量，共有4门课程获批河北省课程思政示范课程，共建设95项各级各类课程思政相关教学研究与实践项目，其中有17项为省级以上课程思政教学改革与研究项目；14门课程获得省级课程建设项目，包括3门省级精品课、3门省级精品在线开放课、4门省级一流课程、4门省级课程思政示范课；获批29项教育部产学合作协同育人项目。

三、注重对学生的就业创业教育

学校重视毕业生的就业创业工作，制定了《衡水学院2022届毕业生就业创业工作实施方案》《衡水学院毕业生跟踪反馈机制和社会评价机制（试行）》《衡水学院毕业生信息资源手册》，构建了“领导主抓、中心统筹、院系为主、全员参与”的就业育人共同体，打造了全员参与就业的工作模式。利用就业服务信息平台建立和完善用人单位信息库，精准推送招聘信息，架起用人单位与学生之间的信息桥梁。学校毕业生的就业岗位遍布各行各业，遍及全国各地。毕业生就业去向调查结果显示，近3年学校毕业生的初次就业率不断上升，毕业生就业对口率均在80%以上。健全毕业生跟踪反馈机制及“一把手工程”，学校领导带头访企拓岗。跟踪调查及走访结果显示，学校2022届毕业生起薪水在5000元以上的占比在18%以上，用人单位对毕业生的平均满意度达99%，毕业生对当前工作的平均满意度达76.7%。

学校的人才培养坚持将创新创业教育渗透到专业教育全过程。人才培养方案中设立了创新创业学分，引导学生将所学专业与创新创业项目结合，提

高学生的创新创业能力，成效显著。近年来，学生积极参加各级各类创新创业赛事，累计获省级以上奖励 32 项；各级大学生创新创业项目立项 1000 余项，其中省级、国家级项目 128 项。此外，学校的毕业生中还涌现了一批创新创业典型。

第二节　学校人才培养转型发展的经验与特色

一、学校人才培养转型发展的经验

（一）推进教育教学改革，完善应用型人才培养体系

按照地方性、应用型人才培养规格，持续改进人才培养方案。整合地方资源，产学研用结合，创新人才培养模式。聚集校内外资源，构建基于产业发展和创新需求的实践教学和实训实习环境。优化课程结构，积极推动教育教学改革，紧密结合产业实际创新教学内容、方法、手段，提高学生对产业的认知程度和解决问题的能力。推进基层教学组织建设，深入开展教育教学研究。

（二）加强平台建设，探索服务地方新模式

对接衡水市“3+2”现代产业体系和“9+5”县域特色产业集群，加强重点实验室、高层次人才主导的研究平台、创新实验室、人文社科研究基地建设，鼓励跨学科、跨院（系、部）联合，实现优势互补、资源共享、项目共建、共同发展。强化多元协同，建立集人才培养、技术研发与社会服务于一体的现代产业学院。推进产学研合作教育，利用省级实验教学示范中心、校外实践教学基地、省级大学生校外实践基地、校内实验实训场所培养学生的创新精神和实践能力。

（三）提升办学软实力，组建应用型师资团队

学校坚持“以学生为中心、以产出为导向、持续改进”的理念，围绕实

现高质量发展，开展三年培训工程、岗前培训、青年教师培训、骨干教师培训，培养“双师型”教师团队。积极探索校企人才双向流动机制，建立行业协会、企业业务骨干、优秀技术和管理人才到校任教的有效路径。完善产业兼职教师引进、认证与使用机制，探索校企导师联合授课、联合指导的教育模式，有效提升了学校培养应用型人才和服务地方能力。

（四）融通地方资源，彰显应用型办学特色

积极搭建服务平台，促进校企快速、精准对接合作。推进校企、校地资源共享、共建专业与课程，校企联合开展技术攻关、产品研发、成果转化、项目孵化等工作，提升产业创新发展竞争力。努力推动协同创新、校内外核心创新要素深度融合、优质科技资源共享。大力推进产学研合作，鼓励教师、科研人员积极争取横向课题和创新项目，不断提升学校的应用型办学水平和社会服务能力。

（五）引进国际优质资源，推进国际合作与交流

推进与国外高水平大学开展人才联合培养，推动学生互换、学分互认、学位互授联授，适时开展留学生教育。选拔青年教师、学术带头人赴国外高水平机构访学交流，提升人才培养能力。建设好衡水学院柴可夫斯基国际音乐艺术学院，争取设立新的中外合作办学项目。引进国外优质教育资源，培养具有国际视野的新时代人才。

二、学校人才培养转型发展的特色

（一）协同开展公费师范生培养

以服务区域经济社会和助力基础教育为己任，将师范教育发展思路贯穿学校的“十四五”事业发展规划，依据地方基础教育发展需求，转思路、调结构，着力打造了包含“教师教育类”在内的五大专业群，目前已初步形成辐射学前教育、小学教育、中学教育 3 个类别，多学科教师培养的师范类专

业人才培养体系。2020 年，学校与市教育局联合开展的小学教育公费师范生培养自 2021 年开始招生，不断加强专业内涵建设，深入探索“优师计划”，开设“乡村教育”选修课，近两年招生数及录取分数呈现逐年上升趋势，有助于促进学校师范类专业教学质量的全面提升。

（二）“五育并举”的课程体系

深入贯彻党的教育方针，全面落实立德树人根本任务，依据国家相关文件的规定，教育学科及师范类专业增设“习近平总书记关于教育的重要论述研究”课程，第一课堂通识课平台增设了“习近平新时代中国特色社会主义思想概论”“劳动教育”“公共美育”课程，共同推进“五育并举”的课程体系建设。素质拓展平台第二课堂同步开展德、智、体、美、劳实践，形成了第一、第二课堂的有序衔接，全面落实五育并举。

（三）多元协同育人机制

学校发布了《衡水学院关于产学合作协同育人项目管理办法》等相关文件，强化协同育人工作，成立了校企合作工作领导小组、科技成果转化工作领导小组，全面深入开展校企合作、产学研协同育人工作。行业企业专家参与专业人才培养方案的制订、修订工作；与企事业单位合作，建立校外实习实训实践基地 332 个，充分利用校内外资源开展协同育人，为应用型人才的培养提供了强有力的支撑。学生的动手操作能力、解决问题的能力以及专业创新能力得到明显提升。

（四）中外合作办学育人

学校持续优化外专引智工作，助力应用型人才培养，与美国、匈牙利、韩国、马来西亚等国家的 26 所高校和科研机构建立了友好合作关系，开展了多层次、多渠道、多元化的交流与合作。师生赴国外交流 200 余人次。与日本、韩国等的知名高校、科研机构联合召开国际性董学研究会议，先后聘用外籍教师 60 人。着力改善外国专家工作“软环境”，被河北省外国专家局评为河北省第二批“外国专家书屋”，被河北省教育文化国际交流与合作协会评为“河北省国际教育交流先进集体”。

学校与乌克兰国立柴可夫斯基音乐学院合作，成立了河北省首个音乐艺术类中外合作办学机构——衡水学院柴可夫斯基国际音乐艺术学院。2021 年 11 月，教育部批准学校设立中外合作办学项目——衡水学院与美国中央密苏里大学合作举办数学与应用数学专业本科教育项目，该项目是河北省该专业领域的首个中外合作办学项目。依据《衡水学院中外合作办学项目管理办法》，学校制定了《衡水学院与美国中央密苏里大学合作举办数学与应用数学本科教育项目实施方案》，成立了项目管理委员会及其办公室，规范项目管理和运营。目前该项目的首届本科生已经顺利入学，项目的教育教学工作正在有序进行。

第十六章　衡水学院服务地方的成效、经验与特色

第一节　学校服务地方的成效

一、学校服务地方政府的成效

衡水学院凭借自身的研究优势，长期对社会公共问题进行深入研究。自转型发展以来，衡水学院的科研团队所做的关于习近平新时代中国特色社会主义思想、红色文化等的课题共立项26项，其中省厅级的18项、市级的8项。各院系在教学上开展“课程思政活动”，在党的建设中开展“不忘初心、牢记使命”等主题教育讨论活动，时刻强化思想政治引领作用。

近年来，在地方政府的邀请或委托下，衡水学院主要承担了多项地方立法的起草论证、助力农村扶贫系统研发、参与政府财政政策修订等工作，衡水学院已经成为当地政府的一个重要的智囊机构。受衡水市人民代表大会常务委员会委托，进行了10余项地方法规的起草论证。研发了“冀州区防贫救助系统”，并在此基础上，与市扶贫办合作，共同开发了“衡水市防贫监测预警系统”。学校经管学院老师撰写的《河北省脱贫攻坚与乡村振兴的有效衔接路径研究报告》提出，要把脱贫攻坚成果巩固拓展同乡村振兴有效衔接工作摆到全市发展大局来思考部署，不断提升防贫监测和帮扶工作水平，努力开创衡水人民更加幸福美好的新生活。这一研究报告获得衡水市副市长的肯定性批示。

近年来，学校积极发挥高校服务社会的职能，切实加强智库建设，强化问题意识和需求导向，注重研究和解决区域性重大问题，特别是在乡村振兴、法治建设、人工智能和大数据研究等领域进行了深入探索，积极为党委决策咨询、为政府建言资政，产生了良好的社会反响。

二、学校服务地方经济的成效

学校自转型发展以来，持续推进产学研用深度融合，充分利用学校优质的科技资源紧密对接地方经济社会的发展需求，积极参与政府决策，服务地域经济的传承与发展，助力衡水现代产业新体系的构建，产生了一批标志性的应用研究成果。2021 年以来，衡水学院获批自然科技类项目 164 项，其中应用型研究项目 142 项，横向科研项目 64 项，与地方企业合作项目 48 项，校外合同经费累计约 3800 万元。学校服务地方经济的成效大致可归纳为以下几个方面。

1. 深入食品酿造企业提供技术支持

河北益彰食品酿造有限公司始建于 1998 年，是河北省调味品行业中规模较大的生产和销售企业、河北省调味品协会副会长单位、衡水市农业产业化重点龙头企业。学校的科研团队指导该公司的技术人员对酱油、食醋、甜面酱生产中的酿造酵母菌、醋酸菌的代谢特性进行研究，进一步调整公司产品的生产工艺，促进产品生产技术的改进与创新。

2. 优化提升现代商贸业

为发展壮大衡水市特色专业市场，学校启动的服务地方经济发展特别支持计划项目中，经管学院副教授主持承担的“新零售时代衡水特色农产品物流供应链体系构建研究”项目，着力对衡水市的蔬菜、高端果品、畜禽等特色农产品物流供应链中存在的问题，采用“线上、线下、物流结合”的新模式，搭建新零售理念下的衡水市特色农产品供应链体系。

3. 培育大健康产业

为深入推动衡水市健康养生融合发展，学校与衡水市体育局合作，于 2017 年共同成立衡水市全民健身与全民健康融合中心（国民体质健康监测中心），负责衡水市的国民体质健康监测，每年的检测样本约为3000人，目前中心已对包括学校师生在内的近10000人进行了国民体质监测工作。学校数计学院教授撰写的报告《衡水市"医养结合"健康养老产业研究》，探索衡水市医养结合，健康养老产业发展模式，获得衡水市委常委、政法委书记重要批示。学校艺术设计研究中心积极参与衡水市体验性、参与性和休闲性项目建设，着力打造衡水湖养生度假城和湿地健康生态区。此外，学校主导设计的河北省首届园林博览会吉祥物、导视地图等已投入使用；设计完成河北省园博园武强园、饶阳园项目建设；参与衡水市人民公园改造提升项目的前期设计与后期建造工程；设计完成秦皇岛儒乡园项目，获得5项金奖，在业界产生了较大影响。

4. 强化生态环保技术研究，提高环境治理水平

学校依托发明专利"降解氯氰菊酯的鞘氨醇单胞菌及其应用"，经土壤修复实验室模拟试验、大田试验，获得土壤修复剂——"土得保"，"土得保"具有修复复合污染土壤和增产的双重作用，可帮助政府减轻环境保护的压力，促进社会和农业经济的可持续发展。目前，"土得保"在隆大庄园有机肥生产企业中进行了中试，"土得保"加入有机肥后的成品已经在农田中应用。学校受河北衡兴环保设备工程有限公司委托，系统研发生物质锅炉烟气除尘工艺及设备改进。此外，学校在节能减排技术方面，系统探索河北钢铁行业节能减排模式，探索城市路灯智能监控节能系统的研究与开发。

5. 预包装食品标签培训

预包装食品的标签对食品企业尤为重要。食品标签的所有内容，不得以错误的、引起误解的或欺骗性的方式描述或介绍食品，也不得以直接或间接暗示性的语言、图形、符号导致消费者将食品或食品的某一性质与另一产品的混淆。但部分中小食品企业缺乏食品营养标签知识，容易被职业打假人钻空子，造成数额不等的处罚，同时给企业名誉也带来不利影响。因此，为提升企业技术人员的水平，促进企业健康、可持续发展，学校的科研团队为企业的相关人员培训食品营养标签知识。

6. 检测人员培训

由于公司原料、中间产品、成品出厂均应进行检测，公司检验人员及其

能力又相对有限，学校的科研团队利用周末和没课的时间，多次到公司生产基地，帮助培训指导检验人员对产品检验项目中的理化、重金属、微生物等指标的检测，以及标配品的制配、大型仪器的使用规范等，对提升公司对产品的检测能力、控制产品质量起到了重要作用。

三、学校服务地方文化发展的成效

学校自转型发展以来，一直高度重视地域生态文化建设，大力配合地方政府开展公共文化服务体系建设。通过开展文化节日活动和申请科研项目的双重方式，长期开展宣传、发掘地方文化的研究工作，在历史人物、文化艺术、民风民俗、文化遗迹等方面进行了深入调研，产出了大量的研究成果。2021 年以来，学校共获批人文社会科学类项目 224 项，其中有关地方文化研究的项目有 36 项。学校积极服务衡水地方文化发展的成效主要体现在以下几个方面。

1. 完成区域性生态文化特色设计

学校艺术类专业在服务地方文化产业建设上，从文化艺术角度出发，通过大量的数据分析，精准把握市场需求，聚焦人才培养，创新文化产品服务传承思路，促进产品转型升级。相继完成周窝音乐小镇音乐生活馆规划设计、邓庄千亩油菜花文化旅游节整体策划设计、武强世界音乐器博物馆整体规划设计、大官亭镇旅游规划项目。此外，学校还承担了枣强县文化旅游景点解说员能力提升等项目；承担了衡水市人民公园提升改造工程建设方案的设计工作。湿地中心研究团队接受中国科学院生态环境研究中心委托，就城市景观格局演变的环境效应与生态空间优化问题进行研究。学校建立了衡水学院书画艺术博物馆，扩大了衡水书画艺术的国际影响。

2. 依托本地历史人物，研究董学文化

学校利用自身的优质研究资源，开设了全国首家“董子学院”。《衡水学院学报》开设的“董仲舒与儒学研究”专栏，是国内外唯一的董学研究专业平台。依托该平台，学校成功申请国家社会科学基金项目 1 项。学校举办了关于董学研究的国际论坛，推动了董学研究的国际合作和交流。衡水学院已逐步成为董学研究的重镇。

第二节　学校服务地方的经验与特色

一、学校服务地方的经验

（一）坚持人才是第一资源

2018年以来，学校深入贯彻习近平总书记关于科技特派员制度的重要指示精神，按照河北省科技厅要求，启动“三区”人才、科技特派员的申请和备案工作，经学校特派员工作站申报，衡水市科技局、河北省科技厅审核和专家复核。截至目前，学校派出“三区”人才共计56人次，学校的科技特派员总人数已达138人，2022年，学校的拟派驻科技特派员与企业签署三方服务协议115份，成功获得服务资助126万元。“三区”人才、科技特派员围绕影响国计民生的大宗作物、现代畜牧业、渔业、林业及草业等现代化提质增效的重大需求，通过关键技术集成创新，形成系统化的科技支撑体系，为农业、企业提升关键核心技术的创新能力，为其现代化高质量发展提供有力科技保障。

（二）积极搭建科研平台

学校围绕地方经济社会发展规划和产业转型升级重点，融入以企业为主体的区域、行业技术协同创新体系，结合学校学科特色与优势，积极培育组建各级科研平台。联合河北养元智汇饮品股份有限公司、河北衡水国家农业科技园区、河北长益生物科技有限公司、万德堂（衡水）生物科技有限公司等单位成功申报并获批河北省科技厅果蔬发酵技术创新中心；联合中国环境科学研究院环境基准与风险评估国家重点实验室、中国农业大学水利与土木工程学院等省内外12家高校、科研院所、行业企业成功申报并获批河北省湿地保护与绿色发展协同创新中心；联合北京大学哲学系、上海交通大学董仲舒国际儒学研究院、西安外事学院国学系、韩国高丽大学董仲舒研究中心、韩国孔子文化中心等6家国内外高校、研究机构成功申报的“董仲舒与传统文化研究中心”获批河北省高等学校人文社会科学重点研究基地；依托与吴丰昌院士团队的合作关系，成功获批河北省科技厅院士合作重点单位。目前，学校的各个新建平台正在按照预定计划，投入建设。

截至目前，学校共有12个省级科研平台，依托各省级平台与合作单位在体制机制、学科发展、资源汇聚、人才培养、科学研究与成果转化推广等多层面的协同，联合开展原创性、前瞻性、基础性和应用性创新研究，培养、汇聚一批国内学术领军人才与科研创新团队，开发产出具有自主知识产权的重大原始创新成果。以现有的校级重点学科、校内非实体性研究机构等学术平台为依托，进一步深入明确学科方向，汇聚学科队伍，培育研究特色。围绕特色学科领域方向，瞄准国家及区域经济社会发展需求，积极承担国家与省财政科技计划项目，加强基础研究，重视应用研究，在新兴学科、交叉学科和优势学科领域，获得省部级及以上指令项目立项127项，科研团队研发能力稳步提升，科研层次不断提高。

二、学校服务地方的特色

（一）依托衡水湖资源优势，深入推进湿地生态研究

衡水学院作为驻地高校，近年来围绕衡水湖湿地生态保护与修复、生物多样性、生态文化建设与开发、保护区法律条例等方面展开了系列研究，立项纵向、横向科研项目102项。学校于2019年接受国家级自然保护区管理委员会委托，承担中德财政合作衡水湖湿地保护与恢复项目；与英国野禽与湿地基金会签署了合作备忘录，初步确定了衡水湖青头潜鸭栖息地保护与管理等工作内容；承担河北省科技支撑计划项目“衡水湖湿地生态系统综合恢复技术集成研究与示范”；接受衡水湖国家级自然保护区委托进行《衡水湖国家级自然保护区条例》的修改论证等方面的研究。

（二）全方位研发，助力构建现代产业新体系

1. 助力树莓产业和农产品深加工技术发展

树莓是一种肉嫩多汁、色泽鲜艳、味道酸甜的浆果。因其富含SOD（超氧化物歧化酶）、鞣花酸、花青素等多种天然有机物质，被称为“第三代水果之王”“癌症克星”“生命之果”“黄金水果”。学校的博士团队在2014年6月至2015年4月期间，先后数次奔赴河南封丘树莓种植加工基地、邢台至高点树莓谷等地实地考察参观树莓种植情况，并对树莓种植区域的土壤酸碱度、农药残留等是否适合树莓种植作出可行性报告。为河北长益生物科技有限公司在选择树莓种苗，栽种树莓，进行苗木管理、病虫害防治，采摘、分拣、速冻果实，树莓果深加工（将树莓加工为果酒、果醋、饮料、酵素）等方面，提供了坚实的科研基础技术支持。

河北省果蔬发酵技术创新中心于2021年8月经河北省科技厅批准筹建，落户衡水学院。中心团队充分利用社会资源，以衡水学院的发酵技术优势，把衡水周边的农场和酵素生产企业对接，把很多农副产品转化成了深加工产品，如枸杞酵素、枸杞果酒、树莓酵素、树莓果酒、雪桃酵素、桑葚酵素、桑葚果酒等，其中很多产品已经生产上市，解决了农场农产品的深加工问题，同时也为许多企业带来了效益和声誉。

2. 改造提升传统优势产业

学校生命科学学院食品加工与安全检测服务地方团队，长期致力于精酿啤酒系列产品的研发，从实验室小试到啤酒实训线反复验证相关工艺参数，形成了原料搭配、菌种选育、菌种扩培、糖化工艺、煮沸工艺、发酵工艺、产品质量评价体系等一整套独有的酿造技术，已成功开发出黄啤、黑啤、白啤等系列产品，受到国内外同行的一致认可。该项精酿啤酒系列产品生产技术已在河北澳鑫麦道啤酒制造有限公司实现转化，促进了公司产品的迭代升级，推动了公司的可持续发展。

3. 依托河北省梨创新团队衡水综合试验推广站开展技术推广与帮扶

学校于2022年创建河北省梨创新团队衡水综合试验推广站，指导本区域梨产业发展，组织开展技术交流、问题会商，培训农技推广骨干和新型经营主

体；调查、收集、整理本区域的技术需求、梨产业发展需求信息和发展动态，监测本区域梨产区的病虫害、灾情等动态信息并协助做好本区域应急和突发性事件的技术处置工作，建设了两个核心试验性示范样板基地——阜城绿科和富源梨果，探索适宜本区域梨的优质、高效的配套生产技术。到2022年底，试验性示范基地的规模已达到1000亩以上，辐射带动周边的种植面积达到5000亩以上。学校的专家团队分别在深州市玉露香梨农业开发有限公司、河北镭宝果树种植有限公司等企业通过改接、高接换头等方式进行梨品种调优，重点示范推广“苏翠1号”“翠玉”“翠冠”等早熟品种和“玉露香”“秋月”等市场竞争力强的品种，优化衡水区域内梨果产品成熟期配置，提高产品的市场综合竞争力、市场占有率。此外，学校的科研团队还采取现场指导、会议培训、网络视频、参观学习等多种形式帮助地方培养了一批懂经营、善管理、掌握生产实用技术和善于技术成果转化的新型职业梨农，形成了衡水梨产业发展的技术骨干支撑和配套服务体系。

第四篇

国内外高校转型发展经验

第十七章　国内部分试点高校转型发展经验

第一节　合肥学院转型发展经验①

合肥学院被誉为“中国应用型本科高校第一方阵的排头兵”，是全国应用型本科高校专门委员会副主席单位、长三角地区应用型本科高校联盟主席单位、安徽省应用型本科高校联盟常任主席单位。先后荣获国家教学成果奖一等奖两项、二等奖两项，第四届全国教育改革创新特别奖，国家科学技术进步奖二等奖两项。2015 年 10 月 30 日，中德两国总理共同参观合肥学院，李克强总理指出：“合肥学院 30 年来的发展壮大是中德务实合作的成功典范。”李克强总理宣布在合肥学院建立中德教育合作示范基地。2021 年 4 月 23 日，中共中央政治局委员、国务院副总理孙春兰到合肥学院考察调研，充分肯定了合肥学院在国际合作、人才培养等方面取得的成绩，希望学校继续发挥示范带头作用。

一、学校基本情况

合肥学院是一所在“改革中诞生，开放中成长，创新中发展”的省市共建、以市为主的全日制公办本科院校，其前身是创办于 1980 年的合肥联合大学。1985 年，学校成为德方在中国重点援建的两所示范性应用型高校之一。2002 年 3 月，经教育部批准，学校与合肥教育学院、合肥师范学校合并。

① 本节数据和资料来源于合肥学院官网，引用时间为 2023 年 9 月 1 日。

2018 年，学校整体进入安徽省内第一批次招生，获批硕士学位授予单位。

目前，学校一个校区办学，占地面积约 100 万平方米，拥有全日制在校生近 15000 人，专任教师 1051 人，校舍建筑面积 68.92 万平方米，教学科研行政用房面积 41.57 万平方米，教学科研仪器设备总值 3.69 亿元，图书馆纸质图书 145.51 万册，电子图书 156.72 万册。现有 11 个二级学院，涵盖工、经、管、文、理、教育、艺术七大学科门类。有本科专业 75 个，其中国家级特色专业 5 个，国家级“卓越工程师教育培养计划”专业 4 个，国家本科专业综合改革试点专业 1 个，国家级一流本科专业建设点 6 个，省级一流本科专业建设点 20 个。有 2 个一级学科硕士学位授权点，11 个专业硕士学位授权点。中德合作物流管理专业、经济工程专业相继获德国专业认证。

二、学校转型发展经验

合肥学院是一所新建的本科院校，自从 2003 年确定应用型办学定位之后，对转型发展进行了深入的探索和研究。在转型发展精神指导下，仅用了 40 来年的时间就实现了跨越式的发展，办学成效得到了社会一致认可，其应用转型发展理念和经验，非常值得地方本科院校学习和借鉴。

（一）以人才为发展之根本

学校坚持人才强校战略，稳步打造结构合理、素质优良、符合定位的师资队伍。现有博士学位教师 355 人、高级专业技术职称教师 458 人，研究生导师 231 人、博士生导师 6 人，“双师型”教师 570 人。现有省级教学团队 20 个，省级教学名师 24 人，省学术与技术带头人 2 人，合肥市拔尖人才 119 人。外籍教师中先后有 4 位曾获中国政府“友谊奖”，11 位获安徽省人民政府“黄山友谊奖”，4 位曾出席国务院原总理李克强主持的外国专家新春座谈会。

合肥学院充分认识到，在高水平应用型大学的建设中，人才是最关键和重要的因素，所以必须建设一流的“双能型”教师队伍。为了打造过硬的应用型师资队伍，学校制定“双能型”师资认定标准，并实施教师能力提升计划，采取“双聘双挂”措施扩充师资队伍，吸引优秀的企业工程师加入学校的教学团队，同时鼓励和促进企业从学校聘请专业教师担任企业的技术顾问，优化企业兼职教师聘任和考核制度，学校、企业之间的双向挂职锻炼常态化机制切实提高了学校的应用能力。

（二）以产教融合为人才培养之方向

随着地方高校向应用型转型发展进程的加快，其内涵和外延也随之变动。地方本科院校向应用型转型发展不能只停留在形式上，要以应用型人才培养为核心全面铺开。

合肥学院坚持以生为本，人才培养模式从“八个转变”向产学研深度融合发展。2016 年，学校与德国埃姆登 / 里尔应用科学大学、德国大陆集团合作开设机械设计制造及其自动化专业“大陆班”，首创具有中国特色的“双元制”高等教育。《中国教育报》头版以“二次转型再出发，合肥学院探索国际双元制高等教育——培养善创新的卓越工程师”为题作专题报道。作为全国创新创业典型经验高校、全省高校就业工作标兵单位，2018—2022 年，学校学生参加竞赛累计获国家级 A 类奖项 129 项，国际奖项 17 项，学校毕业生就业率始终位居全省前列。2021 年本科生就业率达到 91.6%。学校毕业生有 65% 左右在安徽就业，50% 左右在合肥就业，被誉为“合肥市工程师的摇篮”。学校的《2019—2020 学年本科教学质量报告》被评审为 A 等级，全省仅 4 所高校获此等级。《教育部简报》专题推广合肥学院推进人才培养“八个转变”的做法。《中国新建本科院校质量报告》将合肥学院的经验总结为“安徽现象、合肥模式”，在全国推广。

（三）以服务地方为办学之宗旨

作为地方高等院校，服务地方是其历史使命和本职诉求，是其存在价值和发展动力，更是其应用转型的关键切入点、着力点和落脚点。

合肥学院坚持服务地方，主动对接区域发展战略和需求。先后申报获批国内首个经济工程专业以及智能制造工程等 6 个新工科专业，调整专业 11 个。大力推进轨道交通、先进制造、数字经济等产业学院建设。加大环境科学与工程、计算机科学与技术、材料科学与工程和集成电路科学与工程 4 个高峰培育学科建设力度。现有科研平台 49 个，其中省部级以上科研平台 8 个（含

4 个共建)。2018—2022 年，共承担省部级以上科研项目 400 余项，承接了产学研合作项目 629 项，科研与服务地方经费达 3.91 亿元。获国家授权专利 867 项，连续 5 年进入安徽省发明专利百强榜。发表 SCI、SSCI 论文 300 余篇。获省部级以上科研成果奖 30 项。

（四）以中外合作办学为转型发展之突破点

通过中外合作办学的途径，引进境外优质教育平台和资源，积极改革和创新符合地方经济社会发展需求的人才培养模式，是地方高校转型发展的有效路径。

合肥学院坚持开放合作，国际化办学特色日益彰显。作为中德教育合作示范基地、首批安徽省国际交流合作基地、中德经济顾问委员会成员单位、全球中小企业联盟战略合作伙伴。学校建有“中国安徽—德国中心”和“中国合肥—韩国中心”，积极为对外交流合作和项目落户提供服务。已同德国等国及台湾地区的 72 所大学建立了合作关系，先后有 4100 余名学生赴国外友好学校学习，接收 2100 余名国外学生来校学习交流。2020 年，学校通过教育部高等学校来华留学质量认证。2021 年，学校“双元制”高等教育已从试点先行到全面铺开，与大众集团共建大众学院，持续打造“双元制”高等教育的合肥模式。与奥斯纳布吕克应用科学大学签订合作办学协议，从过去的单向留学发展到双向留学，中外合作办学进入新阶段。与上海开放大学、奥斯纳布吕克应用科学大学共建中德开放在线学习平台，打造永不落幕的在线学习交流平台。学校在德国建有施特拉尔松德市孔子学院，德国总理默克尔亲自揭牌并为孔子学院成立 3 周年发来贺信。2000 年以来，先后有 500 多个德国政府、社会团体、友好学校及企业代表团访问学校，累计承办中德应用型高等教育研讨会 14 届、“汉语桥”德国中学生夏令营活动 8 届、韩国语演讲大赛 12 届、“合肥学院杯”汉语演讲比赛 4 届。

（五）以思政德育工作为发展之保障

学校坚定社会主义办学方向，坚持党建引领保障发展，认真落实立德树人根本任务。自 2016 年实施思想政治工作创新“十大工程”以来，体育艺术俱乐部改革在全省示范推广，顺利通过安徽省“三全育人”综合改革试点单位中期评估工作。2017年，学校获“全国五一劳动奖状”，2019年先后入选第一届安徽省文明校园、安徽省高校网络思想政治工作中心首批试点建设高校、安徽省第三批“三全育人”综合改革试点立项单位、脱贫攻坚先进集体、首批全省党建工作“示范高校”培育创建单位和第二批“全国党建工作样板支部”培育创建单位。2015年以来，学校在省委综合考核中连续6年获评“优秀”等次。

第二节　黄淮学院转型发展经验①

黄淮学院2020—2022年的横向科研项目到账经费达5000万元以上，如此庞大的横向合作体量既印证了其在产教融合、校企合作、科技成果转化、服务地方经济方面所作出的突出贡献，同时，无疑也是其应用转型取得初步成功的重要标志。黄淮学院转型发展的势头之所以如此迅猛，主要原因在于其建立了一套既完整有效、又适合自身发展规律的服务地方生态系统——即深入企业、建立信任、发现需求、横向合作、团队研发、成果转化。这套生态系统以人才发展为核心，以考核奖惩为动力，以经费设施为保障。

在调整学科专业群和改革培养模式的基础上，利用优厚待遇加大对高层次科研人才的引进力度，以选派“双师双能型”教师到企业长期挂职、组建专家服务团队对接企业需求等方式为抓手，引导教师们从三尺讲台走入企业车间和实验室，了解企业的痛点和短板，帮助企业解决难点和问题，从而赢得企业的信任，发现和挖掘企业潜在的产品、技术、管理和营销等需求，并以横向课题或联合申报科研课题等项目为核心，以创业孵化园、众创空间、产业学院、重点实验室等为项目运营和实施载体，以项目落地和协同育人为目标，形成全方位、全过程的闭合生态链。在项目实施过程中，既锻炼了老师、培养了学生、完成了科研、转化了成果，又服务了地方，在潜移默化中

① 本节数据和资料来源于黄淮学院官网，引用时间为2023年9月1日。

实现了向应用技术大学的转型。

同时，黄淮学院近几年每年都从市、县政府和发改、科技等主管部门争取到数百万甚至上千万的专项资金支持，作为对企业横向合作项目投入的补贴，不断加大对科研项目的配套补贴力度和项目科研人员的奖励力度，既刺激了企业对新产品新技术的需求，又调动了师生创新创业的积极性。

一、学校基本情况

黄淮学院是2004年经教育部批准设置的一所公办全日制普通本科高校，位于素有“豫州之腹地、天下之最中”美称的驻马店市。黄淮学院为教育部应用技术大学改革战略研究试点院校、中国应用技术大学联盟副理事长单位、河南省首批示范性应用技术类型本科院校、河南省5G智慧校园试点高校、河南省硕士学位授予立项建设单位、河南省“三全育人”综合改革试点高校、河南省高等学校基层党组织建设先进单位、河南省文明校园（标兵）单位。

学校总占地面积2760亩，设有17个二级学院，现有全日制在校生2.1万人，教职工1500余人，并聘请300余名行业企业优秀人才担任兼职教师。在招本科专业50个，涵盖理学、工学、管理学、经济学、文学、农学、教育学、艺术学、医学等十大学科门类。

二、学校转型发展经验

黄淮学院紧紧围绕“建设特色鲜明的应用型本科高校”的发展目标，探索“地方性、国际化、开放式、应用型”地方本科高校转型发展道路，扎根地方办大学，为区域经济社会发展服务，着力培养“理想信念坚定、专业知识扎实、实践能力突出，具有创新精神和国际化视野的应用型人才”。

（一）校企协同育人

学校把深化“产教融合、校企合作”写进《黄淮学院章程》，明确了以“产教融合、校企合作”为核心、市场需求为导向的办学组织形态和人才培养新路径；与200多家政府机构、行业企业、高校、科研机构合作组建“黄淮学院合作发展联盟”，促进优质资源共建共享，推进教学、科研、管理、服务一体化协同创新，形成了政、校、企共同参与的合作办学模式和协同育人机制。

校企共建二级学院实现资源共享、优势互补，提升应用型人才培养质量。黄淮学院与企业共建了驻马店电子商务学院、达内数字艺术学院、智能制造学院等6个行业二级学院，积极推进“六个共同”，即校企共同制订培养方案、共同实施教学、共同评价人才质量、共同培育师资、共同开展研发、共同组建基地，实现“四个合作”，即合作办学、合作育人、合作就业、合作发展，形成全方位、全过程的校企协同育人网络矩阵。

（二）调整学科专业

瞄准区域经济社会发展和产业人才需求，坚持“围绕产业办专业、办好专业促产业”，与行业企业共同实施“学科专业改造提升计划”，紧密对接地方主导产业、特色产业和战略性新兴产业，优化调整专业设置，停招传统专业，新增了21个与地方主导产业、战略性新兴产业关联度高的新专业，积极推进以区域产业链需求为核心的六大“专业集群”建设，提升人才供给的吻合度、精准度和有效度，实现“产业＋专业＋教育”的深度融合。现拥有国家级、省级一流专业建设点7个，省级重点学科、省级特色专业等16个。

（三）建设“双师”队伍

推进“双聘人才引入计划”，在学校和二级学院两个层面聘任企业优秀专业技术人才，实现校企携手。每年选派100名专业教师到联盟单位、企业生产一线和相关机构，参加不少于3个月的专业实践。学校“双师双能型”教师占专业课教师总数的57%，为应用型创新人才培养提供有力保障。

（四）改革培养模式

坚持专业链对接产业链、课程内容对接职业标准、教学过程对接生产过程，开展人才的校企“双主体”培养，着力构建“四位一体”（创新、创意、创造、创业）的应用型课程体系，以及“五位一体”（专业、学业、创业、职业和企业）的实践教学体系。与200多家行业企业合作组建“黄淮学院合作发展联盟”，共建了“嫘祖服装智能制造学院”“黄淮学院—中集华骏智能制造学院”“农产品加工学院”“昊华骏化学院”等7个行业特色二级学院，以及“教育部—中兴通讯ICT产教融合创新基地”“工业4.0智能工厂实验室”“数字化设计与3D打印创新中心”“智慧城市&智慧校园体验中心”“高校数字媒体产教融合创新应用示范基地”等38个产教融合创新平台，构建“四位一体”的“模块＋平台”的特色化应用型课程体系，全面推进教学、科研、管理、服务一体化协同创新。

（五）创新驱动发展

与教育部学校规划建设中心、驻马店市政府等部门合作组建了大学生创新创业园、“1+N”创客空间集群、黄淮置地建筑技术研发中心、梦工场、文化创意一条街等校内实习实训平台，以及驻马店产业创新发展研究院、驻马店企业家学院、乡村振兴学院、圆通科学工作院等产业创新服务平台，在每年提供近3000个实习实训岗位的同时，进一步打通企业培养人才、储备人才、留住人才的渠道，形成“知识学习＋实践锻炼＋基地就业”的实践教学新生态，提升了人才培养的目标达成度和社会满意度，推动了学校的创新创业教育发展。

（六）对外合作办学

强力推进国际化办学进程，主动对接国家“一带一路”建设，与10多个国家以及台湾地区的20多所知名大学开展合作办学。7个中外合作办学项目共培养毕业生1万余名，输送近千名学生出国留学。

（七）提高博士待遇，加强人才引进力度

高端科研人才对高校发展和转型起着关键作用，具有重要意义。黄淮学院2020年引进博士30名以上，引进专家资金补助在百万以上，除此之外，还有政府及学校的配套补贴，以及校园内的大面积安置住房。可以说，快速提升办学层次和质量、提高师资队伍水平、改善师资队伍结构、促进学科发

展的必要措施就是要在高层次人才引进工作中下功夫。

（八）加强联络沟通，争取地方政府支持

政府支持是黄淮学院快速发展的重要原因之一，黄淮学院与地方政府共建各类平台及研究院。黄淮学院与驻马店市政府共建“驻马店市产业研究院”，政府给予黄淮学院1000万科技专项经费支持，用于服务地方产业研究。政府的主导、政策的倾斜、风险的共担和成果的共享，让企业吃了定心丸，使企业愿意甚至主动立项和投资，直接刺激了产教融合和校企合作的进展。

（九）创新合作模式，共建产业技术学院

目前，黄淮学院的产业技术学院已经不再是过去传统意义上的“二级学院”，而是有着更加灵活的设置和管理模式。所谓的产业技术学院，可以不设专业，也可以不招学生，但是一定要有项目。项目是高校与地方经济社会联系的纽带，项目可以为企业解决技术难题、可以提升师生的科研能力、可以提升就业水平、可以推进地方经济发展，例如，黄淮学院组建的河南省重点产业学院、防水材料与工程现代产业学院等。坚持与地方产业紧密结合，联办产业学院和相关专业，共同攻关技术难题，不仅解决了学生实习实训和“双师双能”型教师培训的问题，还让企业的持续发展得以实现，达成了资源共享、合作双赢的局面。

（十）重视创新创业，打造实习实训基地

众创空间和创业孵化园在许多领导眼里是空架子和形象工程。事实上，许多教师（甚至学生）的公司和工作室都在众创空间和创业孵化园，而且他们所承揽的横向项目和课题也都放在众创空间和创业孵化园中完成。一些重大的项目由若干教师组成团队完成，而一些较小的项目则由一两名教师带领若干名学生完成，或者直接分包给学生团队完成。因此，众创空间和创业孵化园不仅能够直接用于培养“双师双能型”教师，实现教师的科技成果转化，而且同时能够成为学生的实训实践基地和创新创业基地。

黄淮学院大学生创新创业园成立于2012年9月，主体建筑5层，使用面

积约 2.3 万平方米，是融大学生创新创业、实习实训、科研孵化、综合服务为一体的科技孵化基地，涵盖机器人创客创空间、3D 打印技术研究中心、VR 虚拟现实技术研究中心、ERP 技术中心、卓匠书社、融园众创咖啡、华为网络信息学院、圆通科学工作站、动画制作中心、创新创业学院等创新创业实践实训平台，形成辐射全校的综合性众创空间。大学生创新创业园通过“学校搭台、企业入驻、合作育人、协同创新”的模式，打造集创新创业、实习实训、科研孵化、综合服务为一体的大学生创新创业基地，该基地累计投资 10793 万元，提供创新创业岗位 1000 多个，建立了 10 余个创新创业实践平台。与此同时，各院系还创设了 80 多个院系小型创客空间，形成了以“黄淮众创空间”为引领，院系“微创空间”为主体，综合性与专业化相结合的“1+N”创客空间集群。

第十八章　国外应用型大学发展经验

高等学校镌刻着时代发展的烙印，高等学校的每一次转型都是社会发展的必然结果。有学者认为我国的高等教育20世纪的发展历程，主要经历了三次重大转型：第一次是20世纪20年代，以1922年壬戌学制的颁布为标志向欧美模式转型；第二次是以建国初期中国人民大学的成立和哈尔滨工业大学的改革为标志向苏联模式转型；第三次是以《中共中央关于教育体制改革的决定》为标志，主要以欧美高等教育模式为参照，自主探索我国的高等教育模式①。第三次转型又可以分为两大类型：一类是国家通过“211”“985”“双一流”等工程加速建设高水平、研究型大学；另一类是国家对地方本科高校转型的推进，而后者更关乎中国的整体高等教育质量，关乎世界一流高等教育体系的建立。地方高校转型发展是高等教育领域继管理体制改革和扩招之后又一次深刻的变革，意义更为深远，任务也更为艰巨。

从当前学术界的研究现状来看，“为何要转型”已经得到了充分的论证和探讨，而“朝什么方向转型”以及“如何实现转型”却没有形成定论和标准答案，各地教育行政部门和转型试点高校确定的转型目标不一、转型方向不清晰、转型路径各异。值得一提的是，在探索地方高校的转型发展道路时，学界和政界都普遍认同要认真汲取国外应用型大学的发展经验，在高校分类发展的基础上实现我国地方高校的成功转型。

20世纪六七十年代，欧洲的经济总量、产业结构和社会环境等方面都发生了剧变，就业人才的素质也要相应提高，这时，应用技术大学便应运而生。这类高等教育机构要么是新建的，要么是由职业院校升格的，其办学定位也

---

① 周国平. 地方高校转型发展问题研究述论 [J]. 高等职业教育探索，2019（9）：43-48.

由最初的注重专业技术转而关注应用型研究。由于学费相对便宜且就业率很高，较高的性价比使得这类高校备受欢迎。经过几十年的发展，应用技术大学不仅成为欧洲国家高等教育的重要组成部分，而且引领了职业教育的改革发展，承担着培养高层次技能人才、开展应用研发创新、服务就业和区域发展及促进终身学习等的重大使命。

第一节　德国应用科学大学发展经验

德国的应用科学大学（University of Applied Sciences）[①] 诞生于 20 世纪 60 年代，经过 60 余年的发展，德国应用科学大学的占比约为 43.2%，标志着这类高校已经成为德国高等教育体系的重要组成部分。在德国，应用科学大学与研究型大学具有同等价值，其办学理念是“为职业实践而进行科学教育，而不是带有某些理论的职业教育”。也正是基于这一理念，德国的应用科学大学致力于通过对学生进行必要的基础理论教育和充分的职业训练，使其成为在某一领域具有独立操作能力的应用型高级人才。尽管应用科学大学的毕业生在理论方面要低于一般研究型大学的毕业生，但是他们长于实践应用与技术开发，因此被称为“把理论知识转化为实际应用技术的桥梁式职业人才”[②]。

目前，我国的地方本科高校要转型为应用技术大学，最直接的借鉴对象就是德国的应用科学大学，德国应用科学大学的伟大育人成就，成为其国家综合实力在二战以后迅速崛起的“秘密武器”。德国应用科学大学的人才培养动力机制、运行机制和保障机制都有其独特之处，值得我国的地方本科高校

① 德国的应用科学大学就是德国的高等专业学院（fachhochschulen），最早被国内学者翻译为“高等专科学校”或“专科高等学校”，导致很多人误将其与我国的高职高专混为一谈。1998 年 1 月，德国大学校长联席会（HRK）就高等专业学院（FH）在国外的名称问题形成议案，并提交德国各州文化部长联席会议（KMK）审议通过，同意 FH 的英文译名为 University of Applied Sciences，即应用科学大学。尽管目前国内学界在研究德国此类大学时仍然有不同的叫法，比如“应用技术大学”“应用科技大学”等，但其实都指的是德国的应用科学大学。

② 张有龙，赵爱荣 . 德国应用科技大学办学特色分析 [J]. 中国职业技术教育，2007（5）：58-59.

参考和借鉴。

（一）以“人尽其才”为目标的人才培养动力机制

德国的学生愿意选择接受职业教育，这是德国的应用科学大学办学成功的前提。德国青年对职业教育的学习热情与德国“人尽其才”的培养目标密不可分。德国应用科学大学的教育观、社会观、市场观最大程度激发了大学的内生成长动力与外在培养动力，最大化满足了“人尽其才”的培养目标。

1.“自主式成长”：以内生需求激发成长动力的教育观

德国教育鼓励学生自主规划个人生活及个人命运，包括自主确定职业生涯。德国学生在小学或初中就需要规划自己的人生道路，初中毕业的孩子需要确定要进入职业高中、职业学校，还是文理中学。事实上，五六年级（10岁左右）的学生就需要确定未来的大致方向[①]。据报道，德国的学生非常“早熟”，八年级的学生就在思考以后读什么大学、是否可再次改变职业方向、几年后与女朋友结婚等问题。当然，年纪尚小的学生难免会“决策失误”，德国开放包容的教育体制也能够容忍学生为自己的错误“买单”，再次更换学校类型，一方面学生不用担心错过教育的“末班车”，另一方面也鼓励学生大胆选择自己的人生道路。

2.“等值不同质”：以就业平等促进职业平等的社会观

在德国，《联邦共和国各州高等学校协定》规定应用科学大学与综合性大学的文凭等值，职业教育与普通教育有同等价值，接受职业教育不会受到歧视。在就业市场中，应用科学大学的毕业生因为卓越的技能成为大企业的“抢手货”。德国的高教政策培育了职业平等的价值观，德国人反对“唯文凭论”“教育万能论”，德国的社会文化坚信人尽其才，人才的价值体现在其对社会的贡献。

3.“订单式培养”：以产业需求推动人才培养的市场观

在德国，大部分应用科学大学与大型企业建立了跨企业培训中心，为企业培养后备技术人才。人才培养过程几乎由企业全程监控，而且企业需要决定培训内容、选择培训方式、提供培训场地、保障培训资金等。也就是说，

① 陶翠屏 . 联邦德国教育概况 [M]. 武汉：中国地质大学出版社，1993.

在德国应用科学大学与企业之间形成的这种产学研一体化合作模式中，企业占据绝对主导地位，即企业需要什么，学校就培养什么，应用科学大学的专业人才培养目标与地方产业需求高度一致。

（二）以“工学结合”为教学导向的人才培养运行机制

德国应用科学大学的人才培养过程真正实现了“做中学”，而且是以“学”为起点的“边做边学”。具体而言，主要通过以下两种方式实现了“做中学”。

1. 开发模块化课程体系

与以往注重从书本获取知识和通过直接经验习得的“知识”本位课程观不同，模块化课程遵循的是“经验”本位的课程观，即既注重知识学习，又注重实践学习。模块化课程中的内容模块既可以进行定性（内容）评价，又可以进行定量（学分）评价。学时分为教师授课学时与自主操作学时，两种学时的比值根据不同模块的特点而有所不同，如理论性较强的公共基础模块可采用 20 ∶ 8（教师授课学时∶自主操作学时），专业基础模块为 16 ∶ 12，专业选修模块为16 ∶ 12，实习或培训模块为8 ∶ 20[①]。在课程内容上打破相互分割的单科课程，根据职业能力重新整合知识点，形成以培养能力为主的模块化课程。例如，在机械工程学习中，将原来的计算机绘图、三维软件基础、工程图学 3 门课程整合成“机械产品表达”模块，删除其中重复、抽象、脱离实际的内容，增加构型设计表达方面的综合实践项目[②]。总体而言，模块化课程打破了课程壁垒，通过整合知识点、设置弹性学时更有利于培养学生的实践能力和职业技能。

2. 推进双元制教学模式

双元制教学模式的典型特征如下：企业和大学各司其职，在职培训和兼职场所由企业提供，理论及基础知识则由大学来讲授；学生兼顾企业学徒和

① 袁暋，许强，王晓峰，等. 基于应用技术型人才培养的模块化教学改革研究：借鉴德国 FH 成功经验 [J]. 合肥学院学报（自然科学版），2011（4）：56-60，65.

② 余国江，姜海，徐滟. 卓越工程师培养的德国经验借鉴研究 [J]. 高教探索，2015（2）：66-69.

学校学生双重身份。“课堂进企业”是双元制教学模式的典型特色，实践操作时间占比极大，真正实现了学生在“做中学”，教师在“做中教”，最终达成内化实践技能的人才培养目标。

（三）以“依法执教”为制度规范的人才培养保障机制

从19世纪起，德国就开始了职业教育立法的步伐，如今，德国的职业教育法律体系已经较为完备。

1. 人力保障：双师型教师队伍建设

德国双元制教学模式的教师队伍主要由企业培训师及大学教师两部分构成。根据《职业教育法》，教师既要达到《培训资格条例》的基本标准，而且还要通过行业协会组织的培训师资格考试，才能成为企业培训师。《培训资格条例》明确规定了不同职业类型企业培训师所需具备的人格素养、专业能力(职业能力与教育教学能力)①。而应用科学大学教师除了要具备基本的学历条件，还需有相对丰富的实践经验，其中教授至少要有5年经验，其他类型教师的经验一般不低于3年。“双师型”教师是双元制教学模式的人力保障，他们是“双能力”“双素质”“双证书”的集合。

2. 物力保障：政府企业二元分工

政府和企业各司其职，分工明确。德国的法律明确规定：规划和实施培训计划及课程大纲的职责在联邦和州政府。而企业主要负责在工商联合会注册、组织和评估期末考试，颁发国家认可的职业资格证书等。雇主协会和工会则负责批准职业资格证书。

3. 财力保障：企业税收双重标准

德国的法律明确规定，政府负责资助学校教育的经费，企业负责资助在职培训部分。承担资助义务的企业可以享受国家的优惠税收政策②。从这个角度而言，德国的职业教育法律确实既明确了学校和企业的权利与义务，又规

① 王继平，黄怡心．德国《培训师资质条例》及其新发展 [J]．职业技术教育，2014（4）：78-82．

② 靳玉乐，廖婧茜．我国大学卓越应用技术型人才培养的改革探索：基于德国应用技术型人才培养经验的探索 [J]. 西南大学学报（社会科学版），2017（6）：60-66，194.

定了人才培养的具体细则，为应用型人才培养发挥了关键性作用。

第二节　英国多科技术学院发展经验

从英国高等教育体系内部来看，也曾经存在着典型的双轨制，英国高等教育同时拥有典型的“学术型”与“技术型”两轨。20 世纪 60 年代至 90 年代，英国实行严格的由“自治”大学和“公共控制”非大学（以多科技术学院为主，此类学院没有独立授予学位的权力）两部分构成的二元制高等教育体制。但是，从 20 世纪 90 年代开始，在高等教育领域，多科技术学院逐渐升格为大学，由专门的职业教育机构向学术机构“漂移”，选择了“更像大学的道路”，在英国运行 20 多年的二元制高等教育体制变更为一元制。英国的多科技术学院以及后来的“新大学”为英国培养了众多技术型人才，在一定程度上满足了英国发展的需要，我国地方高校转型发展可以从英国多科技术学院的办学中借鉴经验，并从多科技术学院的“消亡”中汲取教训。

（一）英国多科技术学院的办学优势

1969 年，英国建立了第一所多科技术学院——哈特菲尔德多科技术学院，至 1992 年，英国在 20 多年间建立了 34 所多科技术学院。英国主要通过如下 3 种渠道建立多科技术学院：一是由原来的专科学校合并而成，并增加部分学科和专业；二是基于继续教育学院，扩大和新办一批技术学科；三是兴办新兴学科，诸如电子计算机等。20 世纪 70 年代至 80 年代初期是英国多科技术学院的一个巩固和发展期，凭借较低的入学门槛、灵活的专业与课程设置和较强的职业性等特点，多科技术学院吸引了大量的学生，并保障了较高的教学质量。英国多科技术学院的办学优势主要表现为以下两点。

1. 专业、课程设置灵活

为了适应市场和学生需求，英国多科技术学院的专业和课程设置充分体现了有灵活性的特点。在专业设置上，为紧密结合当地工业、商业、服务业等产业的实际需求，学院往往会征求有关厂矿企业和工商业的意见和要求，在学校反复讨论的基础上，经地方教育委员会批准，以实现与社会需求的对接。在课程设置上，针对不同的学生类型，多科技术学院设置有全日制课程、工学结合制课程、夜校脱产短训班以及其他类型的部分时间制课程；为培养应用型人才，课程内容与实践紧密结合，注重理论联系实际，加大实习和实验课时总量。同时多科技术学院课程的灵活性还体现在其模块化的课程上，即课程被分解成一系列独立的模块，所有的模块都对应着独立的内容、明确的学习目标和考核方式。课程模块可以自由组合，形成课程方案，由此，学习者可以分段、分模块完成学业，根据个人的兴趣、能力调整学习计划，更有利于学生完成学业。

另外，英国多科技术学院设置的课程大多数是非学位课程，主要是为了培养专业人员和技术人员。多科技术学院的课程设置并非由学校自己决定，而是需要得到地方政府和地区咨询委员会的认可，其中全日制课程还需要得到英国教育和科学部的批准。

2. 工读交替的人才培养模式

英国多科技术学院的工读交替主要通过“三明治”课程实现，即学生在入校后前两年在学校学习，攻读学位课程，第三年到工商企业实习，然后再回到学校继续学习直至毕业。在这种教学模式下，理论与实践融为一体，学生的课程学习和与之相关的实际工作结合起来，更能提高学生的知识应用能力，让学生做好更充分的就业准备。同时，培养学生良好的工作技能和创造力，从而使学生获得雇主的欢迎。选择“三明治”课程的学生数量不断增加，由 1965 年的不足 1.1 万人增加至 1991 年的约 7.7 万人（统计数据不包括威尔士），占多科技术学院学生总数的比例不断提高[①]。

（二）英国多科技术学院“消亡”的启示

英国多科技术学院在办学之初，就被确定为与传统大学拥有平等的地位，但在实际的办学过程中，无论是在学位授予、教师待遇、学生选择还是社会地位等方面，都与传统大学有明显区别，这就导致多科技术学院最终走向“学术漂移”的结果。从学位授予方面来，传统大学自带学位授予权，而

① 孙敏 . 英国多科技术学院调研报告（中）[J]. 世界教育信息，2013（10）：31-33.

多科技术学院的学位需要通过全国学位授予委员会授予。全国学位授予委员会进行学位授予和课程审批的依据是学术型大学的标准，没有针对多科技术学院设立相应的标准。为了顺利获得学位，多科技术学院的课程越来越偏向学术性课程，逐渐偏离最初的职业性课程，这导致其在办学过程中向传统大学"漂移"。从教师待遇方面来看，与传统大学教师相比，多科技术学院教师待遇较低，学院经费主要来自地方政府，拨款额度低于传统大学，且科研经费不足。从学生选择方面来看，多科技术学院的学生最初多为非全日制学生，一方面，课程较为灵活，能够为更多的学生提供必要的职业技能教育，有利于培养更多数量的应用型人才，但 1965—1988 年非全日制学生的比例从 74% 下降到了 33%；另一方面，虽然英国将文法中学（以培养大学生为目的）、技术中学（实施职业教育）和现代中学合并为综合中学，同时开设学术导向和职业类课程，但是仍以学术导向课程为主导，这导致多科技术学院成为学生的第二选择。

此外，英国多科技术学院与传统大学的横向沟通不畅，以及多科技术学院自身的沟通不畅也是其走向"消亡"的重要原因。从横向沟通来看，20 世纪 60 年代，英国就提出了学分积累与转移制度，并在长期实践中做了种种努力，特别是 1986 年英国全国学位授予委员会建立了学位积累转移制度，试图使学习者的学业成就在各院校之间得到相互承认，但是由于诸多规则限制和传统观念的影响，并未得到充分推广。职业教育资格和传统学术资格仍处于不平等地位，一些院校的学生还是难以通过学分转换实现灵活入学。从纵向发展来看，如前文所述，虽然综合中学兼具升学与就业双重目标，但是由于受到升学需求的影响，综合中学以学术导向课程为主，导致综合中学的课程与多科技术学院的课程之间缺乏系统安排与衔接。同时，从本、硕、博升学层面来看，多科技术学院学生的学历学位上升渠道不畅通，与传统大学差距较大，研究生数量较少，至 1992 年达到最低，仅为 5%。

从我国地方本科院校与英国多科技术学院发展路径的不同之处来看，我国地方高校在建设之初没有如此明确的目标定位，地方高校和中央高校之间没有本质性差异和地位上的不平等。但是，我国的地方本科院校在国家实施转型发展试点之前的很长一段时间内，确实有追求"高大全"的趋势，学院努力升“大学”、本科高校努力申报硕士学位授予权，这类似于英国多科技术学院，走“更像大学的道路”、办“更像大学的大学”似乎是每一所大学的追求。如何让地方本科院校主动转型为应用技术大学，坚守人才培养的定位不“漂移”并持续为目标的实现而努力，不同类型高校的经费、培养目标、专业课程设置、学位层次、学校权力等如何尽力实现均衡可持续发展。这是政府和高校都要认真思考的重要问题。此外，我国还要进一步完善各类高校的分类机制，应用技术大学与普通大学的课程内容、招生标准、教学方式以及学位授予标准等都应有所区分，建立畅通的横、纵向沟通机制，完善升学渠道。建立畅通的沟通机制，需要完善不同层次、类型学校之间的学历认定、学分课程和专业与技能提升通道，特别是需要构建体系连贯、技能水平逐级提升的金字塔形现代职业教育体系，包括中等职业教育、高等职业教育、应用技术大学至专业学位研究生教育在内的纵向完整体系。完善升学渠道，建立与职业教育体系相匹配的学业评价与考试制度，构建彰显职业教育特色的学生综合素质评价体系，在高考改革中完善“文化素质＋职业技能”的职业院校招生录取制度。

第三节　芬兰多科技术学院发展经验

芬兰的应用技术大学创办于20世纪90年代，也叫“多科技术学院”。芬兰1995年颁布的《多科技术学院法》赋予多科技术学院与普通大学平等的法律地位，以职业化和专业化教育为主导，是芬兰高等教育的重要组成部分，承担着培养高级应用型人才、服务区域经济发展等多重任务。芬兰的多科技术学院提供学士和硕士两个阶段的教育，学位由教育部统一认证。据统计，芬兰多科技术学院的在校生约占其高等教育在校生的45%[①]，其成功的办学经验对我国当前地方本科高校的转型发展具有重要的借鉴意义。

① 中华人民共和国教育部官网．芬兰应用科技大学：实践导向的国家教育发展战略[EB/OL].（2013-02-08）[2022-08-02].http：//www.moe.gov.cn/jyb_xwfb/moe_2082/s7081/s7158/201302/t20130216_147588.html.

（一）明确的办学定位：服务区域经济发展

芬兰多科技术学院办学定位十分明确，这类大学主要培养知行合一、具有综合素质和国际视野的高层次技能人才。芬兰应用技术大学的培养目标是为特定的职业培养专业技能和实践能力兼备的高层次应用型人才，直接面向社会经济生活，服务于地方经济发展。其毕业生是企业生产一线管理人员、社会服务业人员、行业高级技术人员的重要来源。芬兰多科技术学院注重学科专业与产业结构的有效衔接，适应区域产业结构和经济发展的需求，合理设置学科专业并根据实际情况及时调整，实现了人才培养与劳动市场需求的有效对接。

（二）强制的法律效力：试点推进办学

芬兰的高等教育系统属于国家高度集权的自上而下的控制系统。1991 年，芬兰试办了 20 多所多科技术学院，以专科层次为主。1995 年，芬兰议会通过《多科技术学院法》，以法律形式确立了与普通大学并行的多科技术学院的地位。2003 年，芬兰修改《多科技术学院法》，赋予多科技术学院职业技术教育学士学位的授予权。2005 年，芬兰再次修订法律，学校获得了硕士学位授予权，从而实现了中职与高职的学历与学位证书的有效衔接。层次的不断提升大大增强了职业技术教育的吸引力，适应了社会经济发展需要。多科技术学院以本科学位教育为主，本科生占 94.4%，硕士生占 5.6%，为学生本科毕业后继续学习打开了向上的通道。法律的制定与不断修订成为引领芬兰多科技术学院发展、评估认定、未来走向的指挥棒，构建了芬兰的高等职业教育体系，使双轨高等教育系统稳步向前发展。

（三）高端的发展路线：提高办学层次

芬兰社会经济的发展和产业结构的优化促使职业教育办学层次不断提升。多科技术学院在创办之初，可以获得学士学位授予权，之后可以获得硕士学位授予权，并取消了专科层次的职业教育。职业教育办学层次的提升，适应了经济发展的需求，大大增强了职业教育的吸引力。应用科技大学课程体系注重与高中阶段教育的有效衔接。多科技术学院学士学位课程学制一般为 3—

4年，以4年制为主，硕士学位课程学制一般为1—1.5年。学士学位课程通过联考不仅招收普通高中毕业生，也招收职业高中毕业生。在大学的前两年教育中，教学计划有针对性地弥补两类生源在知识基础和结构上的差异，普高生适当加强专业基础课学习，而职高生则适当加强文化课学习。

虽然芬兰多科技术学院的职业教育以本科为主，硕士生所占比例很小，但是这却为本科生的继续学习打开了通道，学生能够与普通大学的学生一样顺利接受更高层次的专业教育，满足了社会经济发展对高端技能型人才越来越高的要求。

（四）创新的人才培养：校企合作成效显著

芬兰的《多科技术学院法》明确规定多科技术学院必须与企业和其他教育机构进行密切合作，并构建合作网络。此项法律还规定多科技术学院的教学、科研及学校发展，都必须与学科或工作领域以及本地区的发展密切相关，规定其科学研究必须可以支撑本地区的发展。教育部要求多科技术学院能够实时更新本校的科学研究计划和地区合作计划。

多科技术学院在课程和教学内容的制订过程中，会尽量将地区经济的发展需求放在首位。学校会通过各种渠道了解本领域的发展需求，比如校友会的活动、调查问卷、教师与企业的合作、学生的反馈等。同时，多科技术学院的人才培养课程体系也非常注重岗位需求。例如纳特大学有75%的本科毕业生是针对某企业的岗位需求而量身定做的。此外，通过企业实习和项目教学培养学生运用知识和解决问题的实践能力。多科技术学院的4年制课程中安排了一个学期的实习课，学生与企业签订书面合同，合同规定学生在企业一线经验丰富的技术人员指导下，参与足够的生产或技术项目。学生不仅能将所学知识和技能运用到实际生产和项目中，而且还能在真实的生产环境中培养软技能和认真负责的工作态度。

芬兰多科技术学院校企合作形式也较为多样化，学校设立的咨询委员会一般都包含企业代表，企业会参与课程设置、教学进度安排等内容，校企双方可以共享场所和设备器材等，开展毕业设计合作、联合研究等。此外，校企双方可以互聘技术人员或教师，还可以签署分包合约进行项目合作，开展持续性的教学与科研合作。

（五）开放的继续教育：学习方式多样化

发展继续教育，推动终身学习发展，不仅是芬兰的国家教育发展战略，而且也是多科技术学院承担的重要使命。学士学位课程招收具有职业资格的成人学生；硕士学位课程则要求招生对象有一致的教育背景和实际工作经历，面向那些取得了多科技术学院本科学位，或具有应用型本科学位并至少有3年专业工作经验的人员。

从21世纪初开始，芬兰的成人教育取得了快速发展，拥有10多个成人教育机构，其中包括大学与多科技术学院。针对不同年龄段的学院，各机构相应地免费提供各类水平的证书教育。芬兰所有的大学和多科技术学院均设立了继续教育中心，全国职业教育网也开设了相应的成人教育班，每年参加各类成人教育培训的达100多万人次；还有针对芬兰就业青年的遍布各个城镇的“青年作坊系统”，从专业、心理和自立等方面对青年进行培训，以提高其基本素质，促进其顺利就业。比如坦佩雷多科技术学院开放高等教育，不受年龄和教育背景限制，主要开设大学基础学位课程，一般晚间授课；短期专业化学习课程主要面向已取得本科学位或职业学院本科学位的人员，旨在深化和拓展学习者的专业知识，促进其在专业上的成长，提升其应对专业领域中的挑战的能力，课程可在1—2年内完成，授予30—60个学分；行政工商管理硕士课程采用模块循环教学，每月一个教学模块，学员可在一年中任何一个月入学。

后　　记

本书的编写时值党的二十大召开前后，具有非常特殊的意义。中国式现代化需要教育现代化的支撑，新时代、新征程、高质量发展是其主题，也是最明显的特征。地方高校转型发展就是要促进地方高校内涵式发展，在自己的定位上办出特色、做出一流。对于如何通过转型，办出特色，实现高质量发展，本书从理论和实践两个层面进行了努力探索，提出了转型发展的相关理论，并从转型思路、举措、成效等实践层面，系统梳理了衡水学院十几年来转型发展的做法和经验。希望本书能在地方高校转型发展的理论探索方面起到抛砖引玉的作用，为广大地方高校的转型发展实践提供有益参考。具体而言，本书的创新点主要体现在以下三个方面。

第一，从立意上，本书紧紧围绕新时代高质量发展主题，较为系统地回答了地方高校为何转型、如何转型的时代关切，形成了独特的转型发展模式。

第二，从理论上，阐述了地方高校转型发展的背景、现状和理论根据，并从比较的视角，拓展了地方高校转型发展的理论视野，为地方高校转型发展实践提供理论指导。

第三，从实践上，以衡水学院为个案，从转型发展的顶层设计、学科专业建设、师资队伍建设、校企合作产教融合、创新创业教育、中外合作办学等关键点入手，进行了系统梳理和总结，为地方高校的转型发展探索提供了范例。

本书的编写是集体智慧的结晶，是编写组全体成员通力合作的结果，没有他们的辛苦付出，就没有本书的问世。本书的具体编写分工如下。

王光远负责全书的整体设计与构思；韩伏彬负责统稿，并负责第一篇和

第四篇的组稿工作；第二篇由梁晓辉、张素薇牵头组稿；第三篇由李永霞和郑艳玲牵头组稿。第一章、第十八章由王静撰写；第二章、第三章由韩伏彬撰写；第四章第一节由张素薇撰写；第四章第二节由李永霞、梁晓辉、张素薇撰写；第五章由郑艳玲撰写；第六章、第十四章由李永霞、张娟撰写；第七章、第十五章由李永霞、闫立寒撰写；第八章由梁晓辉撰写；第九章由张培鑫、马云燕撰写；第十章由靳晓娜撰写；第十一章由程海涛撰写；第十二章由梁晓辉、李婧撰写；第十三章由王丽莎撰写；第十六章由李辉撰写；第十七章由张培鑫撰写。

本书的编写也得到了衡水学院党委书记王守忠教授和校长王永芹教授的高度赞同和大力支持，他们为本书提出了宝贵的指导性意见。在此，对各位领导和编写人员的付出深表谢意。由于编写时间仓促，书中难免存在遗漏，希望同行不吝指教！

编者

2023 年 9 月